魔幻物理
电磁学

杨智明 著

中国妇女出版社

图书在版编目（CIP）数据

魔幻物理．电磁学 / 杨智明著．-- 北京 ：中国妇女出版社，2025．8．-- ISBN 978-7-5127-2490-7

Ⅰ．Z228.2

中国国家版本馆CIP数据核字第2025AL0405号

责任编辑：朱丽丽
封面设计：付　莉
责任印制：李志国

出版发行：中国妇女出版社
地　　址：北京市东城区史家胡同甲24号　　邮政编码：100010
电　　话：（010）65133160（发行部）　　65133161（邮购）
网　　址：www.womenbooks.cn
邮　　箱：zgfncbs@womenbooks.cn
法律顾问：北京市道可特律师事务所
经　　销：各地新华书店
印　　刷：鸿博昊天科技有限公司

开　　本：165mm × 235mm　1/16
印　　张：9.75
字　　数：120千字
版　　次：2025年8月第1版　　2025年8月第1次印刷
定　　价：59.80元

从法拉第发现电磁感应的那一刻起，

人类便开始真正掌握了自己的命运！

来吧，翻开这本书，

让电磁的魔法为你编织一场科学的绮梦，

去拥抱那个充满无限可能的未来！

自序

在翻开这本书的瞬间，你即将踏上一段科学与魔术交织的奇妙旅程。在这里，我想先向那些在无数个日夜探究自然奥秘的科学家致敬。他们如同真正的魔法师，凭借对知识的执着追求，解锁了宇宙间的秘密，并将这些秘密转化为我们现代生活的基石。

电磁学作为物理学的重要分支，其影响深远而又微妙，它像一位无形的艺术家，以电与磁的笔触，在宇宙的画布上勾勒出无数精彩绝伦的画卷。从奥斯特最初的发现，到麦克斯韦日益深入的研究，再到今天几乎每一件科技产品中都能找到它的身影，电磁学堪称人类智慧的结晶，是人类对自然规律理解的胜利。

在这些胜利中，电磁波彻底改变了我们的生活，我们利用它们进行通信，连接起地球的每一个角落。我们利用电磁力驱动机器，推动了工业革命的巨轮。也正是因为电磁原理，电脑、手机、互联网改变了我们的生活方式。可以说，如果没有对电磁学的深入研究，我们现在的世界将无法想象。

然而，电磁学的魅力不仅仅在于它的应用，更在于它那神秘而又丰富的知识内涵。它告诉我们，即使是我们看不见、摸不着的东西，也能产生巨大的力量。它启示我们，不可见并不代表不存在，无形的力量正悄然改变着有形的世界。

本书将通过和电磁学有关的一系列魔术，带领青少年朋友们一探这一迷人学科的奥秘。通过每一个看似不可思议的电磁魔术，本书将揭开科学的面纱，揭示那些隐藏在表象之下的科学真理。这些魔术将会是一场场智力与想象的盛宴。通过观察、实验、思考，希望青少年们能够体会到科学探索的乐趣，激发你们探索自然、解读世界的热情。

你的朋友　杨智明

目录

第一章 电生磁的奇迹——奥斯特的发现

第二章 电流激发磁场的方向——安培定则

第三章 磁生电的奇迹
——法拉第电磁感应定律

第四章 复杂的电磁感应 ——电生电

第五章 楞次的魔术 ——来拒去留

第六章 改变世界的电磁波——电气时代的科学基石

哇!

第一章

电生磁的奇迹——奥斯特的发现

在我们对自然界的认知旅程中，电与磁这两种看似毫不相关的现象，是如何交织出一曲美妙的科学交响乐的呢？这不仅是一个物理学上的疑问，更是人类对宇宙奥秘的孜孜探求。

奥斯特的实验，为我们打开了一扇探索电与磁相互关系的大门。1820 年的一天，他无意中发现，当电流通过一根导线时，周围的磁针竟然会发生偏转。这一简单却意义深远的实验，标志着电磁学这一全新科学的诞生。

在这一章的旅程中，你将发现电与磁科学原理背后的奇迹，感受那种让人惊叹的力量。无论是电磁铁的神秘应用，还是它在实际生活中的奇妙表现，都会让你对科学的魔力感到无比震撼。

神奇科学魔术

胡迪尼盒

魔术表演

1 魔术师向观众展示一个空盒子，里面看起来什么都没有，他对观众说：“这是一个古老的魔术，名字叫作胡迪尼盒。”

1

2

2 接着，他轻轻地把盖子合上，脸上露出一种“将有大事发生”的神情。

3

3 魔术师邀请一位成年观众上台把盒子抬起来，结果成年观众用尽全力，盒子却纹丝不动，就像被魔法固定在桌上。

4

4 魔术师转向一位小朋友说：“你来试试！”结果小朋友轻松地把盒子抬了起来，仿佛盒子里藏有魔法。

科学原理

这个魔术的神奇效果主要依赖于电磁铁的工作原理。电磁铁是一种裹有导线线圈的铁芯装置。魔术师手中藏着一个开关遥控器。当成年观众试图抬起盒子时，魔术师按下遥控器，电流通过线圈，在铁芯周围产生磁场，使铁芯变成一块强磁铁。而桌子的表面是用铁板制成的，磁场会吸引盒子底部的铁板，使盒子和桌面紧紧吸附在一起。此时，由于强大的吸引力，成年观众因此无法轻易搬动盒子。

当小朋友尝试搬盒子时，魔术师按下遥控器上的关闭按键，电磁铁断电，电流停止流动，磁性消失。由于电磁铁不再有吸引力，不能吸附铁板，盒子就可以被轻松地抬起来。

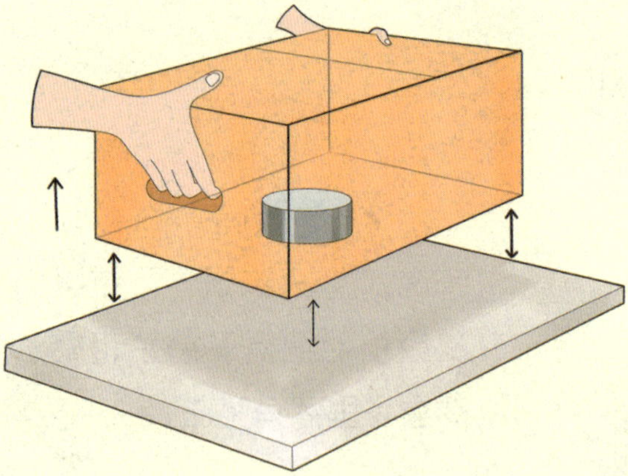

1

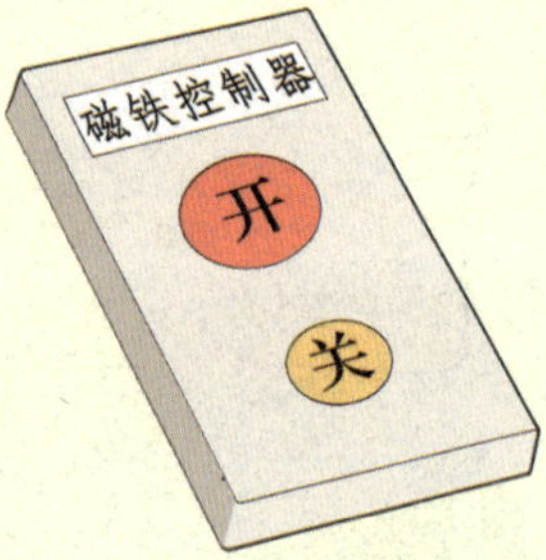

2

哥伦布蛋

魔术表演

1 魔术师拿出一个“鸡蛋”，对观众说：“这是一个普通的鸡蛋。”然后将“鸡蛋”递给观众检查。大家左看看、右摸摸，觉得这应该就是个普通的鸡蛋。

1

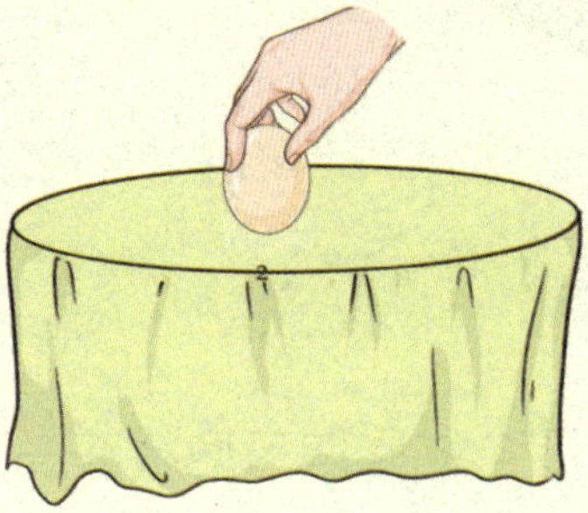

2

2 然后，魔术师把“鸡蛋”放在桌面上。突然，“鸡蛋”竟然飞快地旋转起来。

3 观众们目瞪口呆：这“鸡蛋”好像被赋予了生命一般！

3

科学原理

哥伦布蛋是一个经典的物理实验，它展示了电磁学的基本原理以及旋转磁场的强大力量。

在这个魔术中，桌子下面藏了一个电磁线圈装置，魔术师手中的“鸡蛋”是金属蛋喷上了鸡蛋的颜色。如图1所示。

1

线圈装置的结构如图2所示，四个线圈均匀地绕在一个环形铁芯上。这些线圈被分为两组，相对排列，并固定在一个木盘或塑料盘的底部。当交流电通过这些线圈时，木盘或塑料盘上方便会形成一个旋转的磁场。

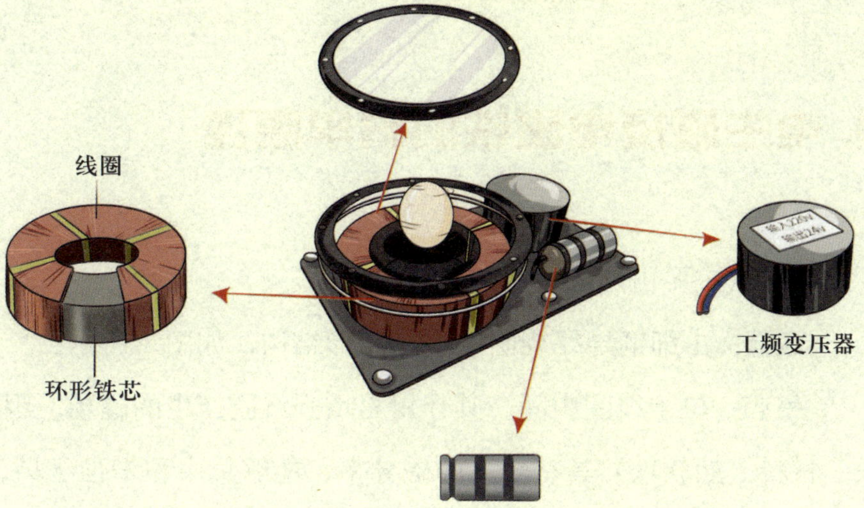

2

当电流在两组线圈中流动时，由于交流电的方向会不断改变，使得磁场也在不断旋转。这个旋转的磁场会对附近的金属物体，如对金属蛋（魔术表演中的道具看似普通鸡蛋，其实是一颗金属蛋）施加力，使其开始旋转。当金属蛋进入旋转的磁场时，磁场内的变化会在金属蛋内部产生电流，这个电流又会形成一个磁场。

随着电流的强度和频率增大，金属蛋旋转的速度也越来越快。当转速达到一定值时，金属蛋会从水平状态转为垂直状态，站立在塑料盘上。这个过程就像陀螺一样，转得足够快的陀螺能够保持直立状态。

探秘科学知识

电生磁及电磁铁的科学原理

电磁铁主要由两部分组成：线圈和铁芯。

线圈：由细铜导线绕制而成的环形结构，如图 1 所示。

铁芯：位于线圈中间。其作用是增强线圈产生的磁场，因为铁芯材料（如软铁）具有较高的磁导率，能够集中和增强磁场。

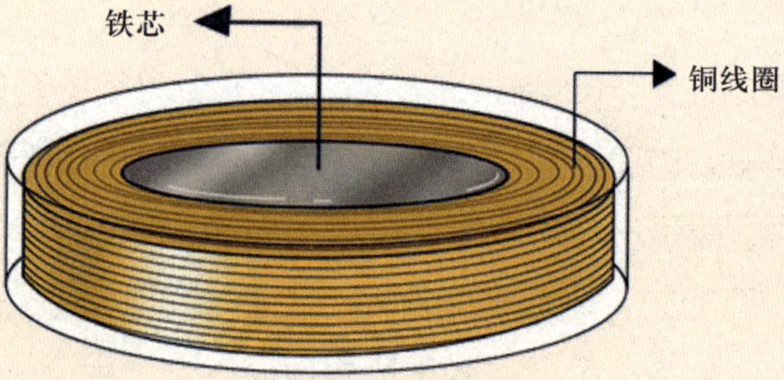

图 1

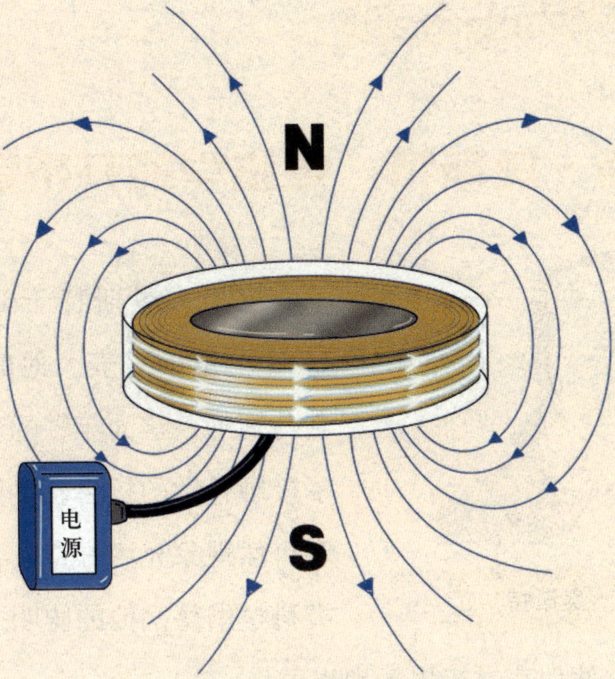

2

当电磁铁通电后，电流在铜线圈里流动，从而产生磁场，如图 2 所示。电磁铁中的铜线缠绕了许多圈，非常紧密，当电流通过这些线圈时，每一个线圈都会产生磁场，再加上铁芯被磁化后也变成一个磁体，这些磁场叠加在一起形成了一个更强的整体磁场，从而使电磁铁产生很强的磁性。

汉斯·奥斯特：电磁学的开拓者

汉斯·奥斯特

汉斯·奥斯特于1777年8月14日出生于丹麦。他的父亲是一名药剂师，这为年轻的奥斯特提供了接触科学的机会。奥斯特从小就对自然现象充满好奇，喜欢阅读各类科学书籍。他的聪明才智和对知识的渴望，使他在学校里表现出色。

1794年，奥斯特进入哥本哈根大学学习。由于对科学的浓厚兴趣，他很快就转向了对物理和化学的研究。在大学期间，他接触到了当时最新的科学理论，尤其是电学和化学方面的前沿知识。1799年，他完成了关于空气化学成分的博士论文，这标志着他正式踏上了科学研究的道路。

大学毕业后，奥斯特开始在哥本哈根大学担任讲师，并继续进行科学研究。他对电学和化学的兴趣越来越浓厚，并逐渐将研究焦点转向电与磁之间的关系。当时，科学界普遍认为电和磁是两种独立的现象，但奥斯特却怀疑它们之间可能存在某种联系。

1820年，奥斯特在一次课堂实验中得到了一个惊人的发现。

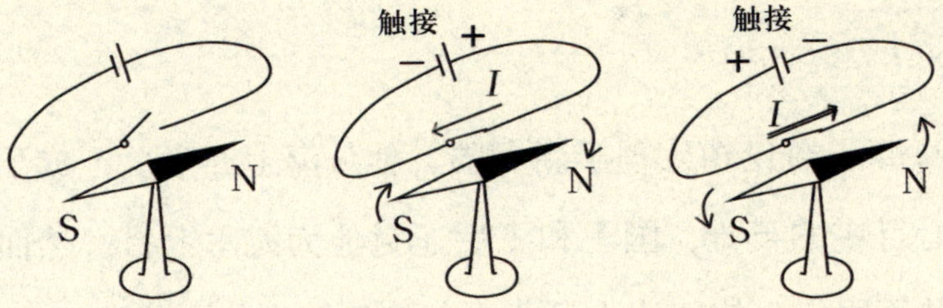

他在演示电流如何通过导线的实验中，注意到附近的磁针发生了偏转。这一现象引起了他的极大兴趣，他决定进一步研究电流对磁场的影响。

经过反复实验，奥斯特最终确认了这一现象：当电流通过导线时，会在导线周围产生磁场。这一发现揭示了电和磁之间的直接联系，为电磁学的发展奠定了基础。

奥斯特的发现迅速传遍了整个科学界，引起了极大的轰动。英国物理学家迈克尔·法拉第从中受到启发，开始研究电磁感应现象，并于 1831 年发现了变化的磁场能够在导体中产生电动势。这一系列发现使得电和磁的关系逐渐明朗，并最终被麦克斯韦在其方程组中进行了系统化阐释。

奥斯特的发现，不仅揭示了电流与磁场之间的神秘联系，而且激励了无数科学家对这一领域开展深入研究。法拉第、安培、麦克斯韦等伟大的科学家纷纷投身于这一新兴领域，探索电与磁之间更为深奥的关联。正是这些先驱的不懈努力和创新精神，使得电磁学成为现代物理学的重要分支，为我们的现代科技生活奠定了坚实的基础。

哥伦布的鸡蛋

1492 年，哥伦布发现了新大陆。他从海上回来后，成了西班牙人民心目中的英雄，国王和王后还封他为海军上将。然而，有些贵族并不服气，他们认为只要出海航行，谁都会找到新大陆。

在一次宴会上，哥伦布又听到有人嘲笑他："上帝创造世界时，不是就有新大陆了吗？你发现了新大陆，没什么了不起的！"哥伦布听了，沉默了一会儿，忽然从盘子里拿出一个鸡蛋，站了起来，提出一个古怪的问题："女士们，先生们，谁能把这个鸡蛋竖起来？"

哥伦布

鸡蛋在众人手中传了一圈，每个人都试图将鸡蛋竖起来，但每次一松手，鸡蛋就倒了。最后，鸡蛋回到了哥伦布手里。大家都静静地看着他，想知道他怎么做。哥伦布不慌不忙地把鸡蛋的一头在桌子上轻轻一敲，敲破了一点儿壳，鸡蛋就稳稳地立在桌子上了。

"这有什么稀奇的？"有人嘲笑道。哥伦布微笑着说："没什么稀奇的，可是你们为什么做不到呢？"有人说："鸡蛋都破了，那不算数。"哥伦布反问道："我一开始说过不能敲破鸡蛋吗？"他离开时说了一句发人深省的话："我能想到你们想不到的，这就是我胜过你们的地方。”众人一时无言以对。

几百年后，科学家尼古拉·特斯拉为了打动投资人，采用了与“哥伦布的鸡蛋”类似的方法，不过他用的方式更高级。他对投资人说：“我可以不打破蛋壳，就让蛋竖起来。如果我能比哥伦布更胜一筹，你们愿不愿意给我投资？”特斯拉利用他发明的旋转磁场，让一个铜蛋（被后人称为“哥伦布蛋”）自己旋转起来。

尼古拉·特斯拉

他使用了一台机器，产生了两个相位[1]相差90°的电流，从而形成了一个旋转磁场。金属蛋在旋转磁场中产生了感应电流，感应电流又产生了一个旋转力，使得金属蛋自己旋转并最终立了起来。这个方法非常神奇，让当时的人们大为惊叹。

1　电流中的“相位”指的是交流电在周期性变化中某一时刻所处的位置，通常用角度来表示。

知识拓展应用

电磁铁的应用

电磁铁在现代科技和工业领域中扮演着重要角色，以下是一些常见的应用。

电磁起重机：在工业生产中，电磁起重机利用强劲的电磁铁来搬运重物，如铁块和钢材。通过控制电流的开关，可以轻松地吸起或放下重物，极大地提高了工作效率。

电磁继电器：这是一种利用电磁铁控制电路通断的装置，广泛应用于自动化控制系统、通信设备和家用电器中，实现信号的传递和电路的切换。

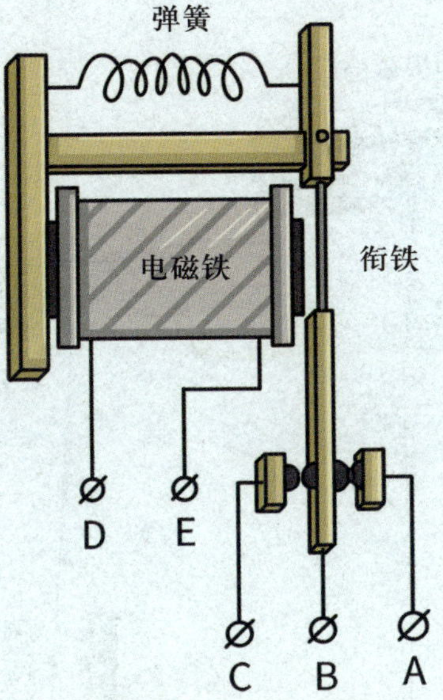

电磁继电器图解

磁选机：在矿业领域，磁选机利用电磁铁的磁力来分离矿石中的磁性物质和非磁性物质。这种方法可以有效地提取有价值的矿物，提高矿产资源的利用率。

电磁锁：电磁锁作为一种安全装置，通过电磁铁的吸力来控制锁的开闭，广泛应用于门禁系统、保险柜和其他需要安全控制的场合。

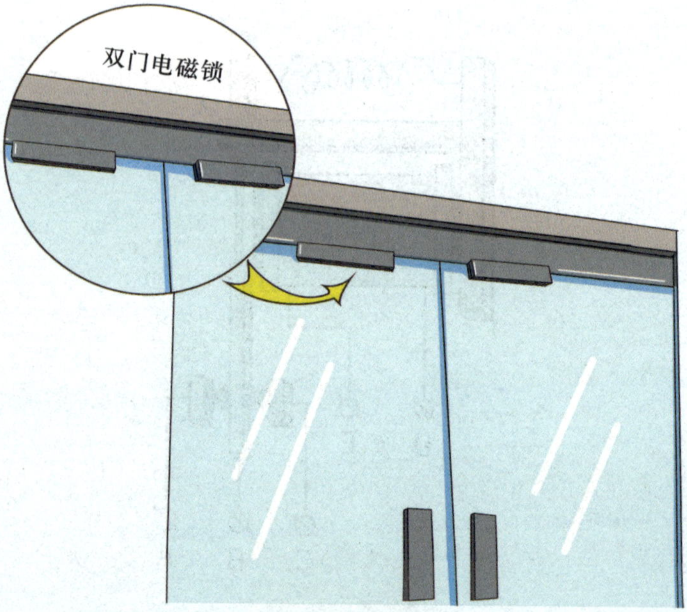

电磁锁

电磁阀：电磁阀利用电磁铁来控制流体的通断，广泛应用于液压系统、气动系统和各种自动化设备中。通过电磁铁的吸合与释放，可以精确控制流体的流向和流量。

电磁搅拌器：在化学和冶金工业中，电磁搅拌器利用电磁铁产生的磁场来驱动搅拌棒。通过底部温度控制板对样本进行加热，配合磁性搅拌子的旋转，使样本均匀受热，达到设定的温度，实现液体的均匀混合。

电磁搅拌器

电磁制动器：电磁制动器利用电磁铁的吸力来控制制动装置，广泛应用于电梯、机床和其他需要快速制动的设备中。通过电磁铁的控制，可以实现平稳且可靠的制动效果。

超凡前沿科技

电磁驱动微型机器人

你是否听说过一种可以在人体内自由穿梭的微型机器人？它们可以精准地将药物送达病变部位，帮助医生修复血管或清除血栓。这就是电磁驱动微型机器人，一项正在迅速发展的前沿科技，它有望彻底改变未来的医疗方式。

1. 什么是电磁驱动微型机器人？

电磁驱动微型机器人是一种尺寸极小的设备，通常处于毫米至微米级别。它们内部嵌有磁性材料，通过外部施加的电磁场产生运动。这种技术可用于药物输送、血管修复及血栓清除等医疗任务。例如，当患者体内出现肿瘤时，医生可以通过控制电磁场，指引微型机器人携带药物直接抵达肿瘤位置，从而最大限度地减少对健康组织的损伤。

2. 工作原理揭秘

电磁驱动微型机器人的工作原理并不复杂。其内部的磁性材料受到外部电磁场作用而产生运动。医生可通过调整电磁场的方向和强度，远程控制机器人的路径和动作。同时，机器人还配备了传感器和摄像头，能够实时感知周围环境并反馈信息，确保准确抵达目标位置。未来，这些机器人可能结合人工智能技术，实现自主导航，进一步提升精确度和效率。

3. 为什么选择电磁驱动?

相比其他类型的微型机器人，电磁驱动机器人具有明显优势。首先，传统微型机器人通常需要通过细线或光纤进行控制，这大大地限制了它们的灵活性。而电磁驱动机器人完全无线，可以在体内自由移动，适应更多复杂的医疗场景。其次，电磁场的能量温和，不会对人体组织造成伤害。此外，医生可以实时控制机器人的位置和动作，确保操作的安全性和准确性。而且，电磁驱动技术适用于多种环境，包括血管、器官和体腔，为各种疾病的治疗提供了可能性。

4. 未来展望与挑战

随着科学技术的不断进步，电磁驱动微型机器人有望变得更小、更灵活，甚至可以进入细胞内部执行任务。未来，这些机器人可能集成多种功能，成为多功能医疗助手，并实现工业化生产，广泛应用于临床医疗。

然而，这一技术也面临诸多挑战。首先是能量供应问题，目前的电池技术限制了机器人的续航能力。科学家们正在研究无线充电技术，以解决这一难题。其次是生物相容性问题，需要优化材料选择和设计，避免引发免疫反应或损害组织。最后是精准控制问题，在复杂的体内环境中实现精准控制仍是一项技术挑战。

总而言之，电磁驱动微型机器人是一项极具潜力的技术，它将革新医疗领域，改变我们治疗疾病的方式。尽管目前仍存在一些技术挑战，但随着科研人员的不断努力，相信在不久的将来，这项技术将广泛应用，为人类健康带来巨大的福祉。

魔幻科学实验

爱心转转转

电池　　磁铁　　铜丝

材料准备

5 号电池一节、两块小磁铁、一根铜丝。

实验步骤

① 将铜丝弯折成爱心的形状。

1

2 将两块小磁铁吸附到电池的负极，将带孔磁铁吸附到电池的正极，然后把弯折好的铜丝套在电池上，铜丝心形凹下去的部分需要和电池的正极接触。轻轻拨动铜丝转圈，并观察现象。

2

科学原理

这个小设备中的铜丝会旋转，是因为当它接触电池的两端就会有电流通过，铜丝周围会产生磁场。由于铜丝是对称的，两边所受到的力正好相反，从而产生旋转。这个实验中电流与磁场相互作用的现象，正是现代电动机工作原理的基础。在实际的电动机中，我们通过增加线圈数可以提供更加强大的旋转动力。

这个实验成功的关键是：铜丝必须与电池和磁铁保持良好接触（铜丝架顶部与电池正极接触良好，底部与磁铁接触良好且摩擦力很小，能够轻松转动）；铜丝要保持对称平衡的状态，否则会影响其旋转；磁铁需要紧贴电池，以确保磁场的强度；磁铁要选择磁力较强且表面光滑的。

注意事项

1. 此电路几乎等同于短路，电流很大，在转动过程中铜丝的部分位置会发烫，请注意并防止烫伤。

2. 待铜丝旋转几秒钟后应停下来“休息一下”，防止铜丝过热或因电磁短路产生危险。

3. 未成年人需在成年人的监护下进行此实验。

科学笔记

第二章

电流激发磁场的方向——安培定则

安培是法国科学家，凭借其敏锐的洞察力和卓越的数学才能，成功建立了电流产生磁场的数学描述，为电磁学的发展奠定了坚实的理论基础。

安培定则，也叫右手螺旋定则，为我们理解复杂的电磁现象提供了一个简明而有力的方法。这一定则有着简便易懂的方式，可以帮助我们更直观地理解磁场的方向。安培定则看似简单，却是对自然界规律的深刻揭示。

在本章，我们将动手验证安培定则，直观感受电流与磁场之间的关系。我们将通过简单的实验装置，观察电流产生的磁场方向，理解这些看似抽象的物理规律。

神奇科学魔术

电池小火车

1

魔术表演

1 魔术师拿出一节电池，在电池两端各吸上一块磁铁。

2 接着，魔术师把组装好的电池放入弹簧状的轨道中。

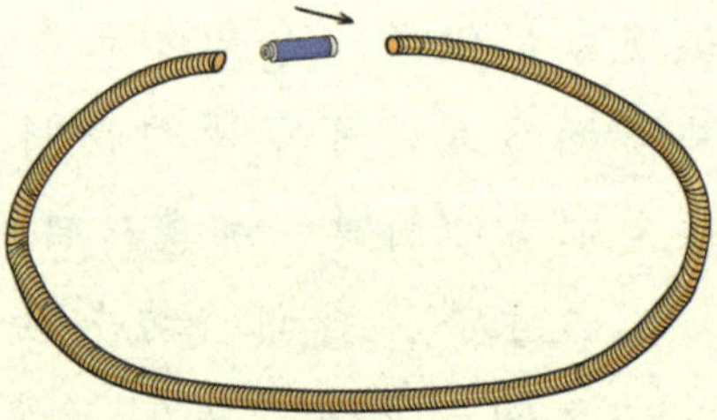

2

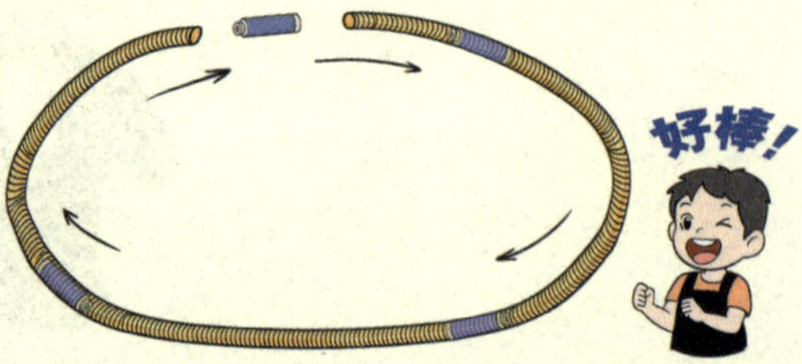

3

3 令人惊叹的一幕发生了——电池竟然在轨道里来回穿梭，像上了发条的小车一样飞驰起来！

科学原理

电池小火车的运行主要基于电磁感应定律与线圈和磁体之间形成的闭合回路。具体来说，当电池和磁铁的组合体放入铜线圈中时，它们形成了一个完整的电磁回路。由于磁铁表面有金属镀层可以导电，铜导线内有较大电流通过，从而产生了强大的磁场。通电铜线圈产生的磁场与电池两端的磁铁产生的磁场相互作用，根据右手螺旋定则，这两个磁场方向相反。这种相互作用力使得电池小火车沿着线圈前进。

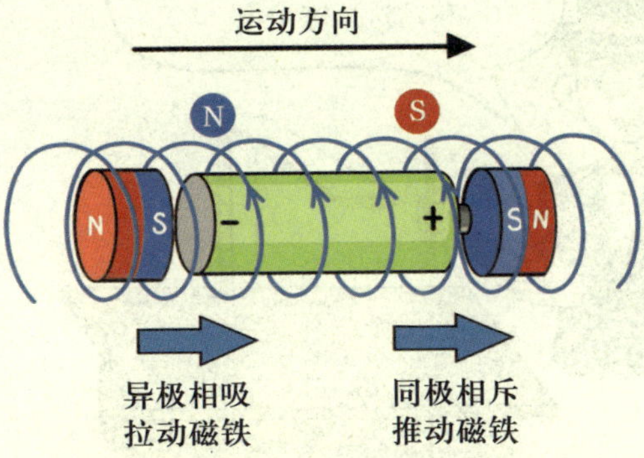

注意事项

这个实验中的电池也是短路状态，需要小心操作，不可持续使用，以免因短路引起电池过热，发生危险。

听话的魔术棒

魔术表演

1 魔术师拿出一根魔术棒，对观众说：“我可以通过意念来移动这根魔术棒。”

1

2 然后，他把魔术棒放在桌子上，手在空中挥动，仿佛往棒子上注人了魔法。突然，神奇的事情发生了，魔术棒真的开始移动了！

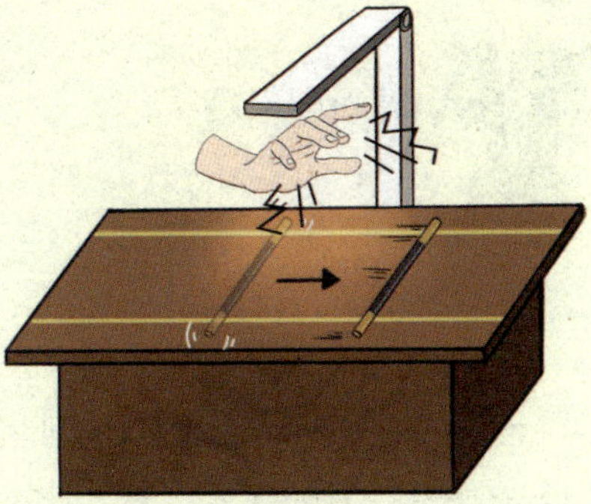

2

3

3 只见魔术师的手在空中向左推，魔术棒立刻听话地向左滑去。观众们目瞪口呆：“这魔术棒是魔术师听话的宠物吗？”

4 观众仔细地检查魔术棒里是否有机关和磁铁，结果什么都没发现。

4

科学原理

1. 魔术师的魔术棒其实是一根铜棒：魔术棒的中间部分虽然看起来是木头的，但芯部其实是铜的。

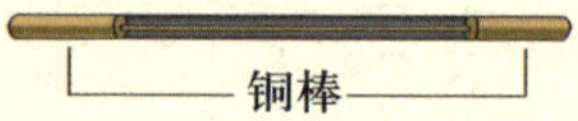

1

2. 桌子也暗藏玄机：桌面上的两根装饰线是铜线，桌子内部安装有导线和电磁装置。当闭合遥控器开关后，电流经过这些铜线时，会受到磁场的影响，受到一种叫作安培力（电磁力）的作用力。

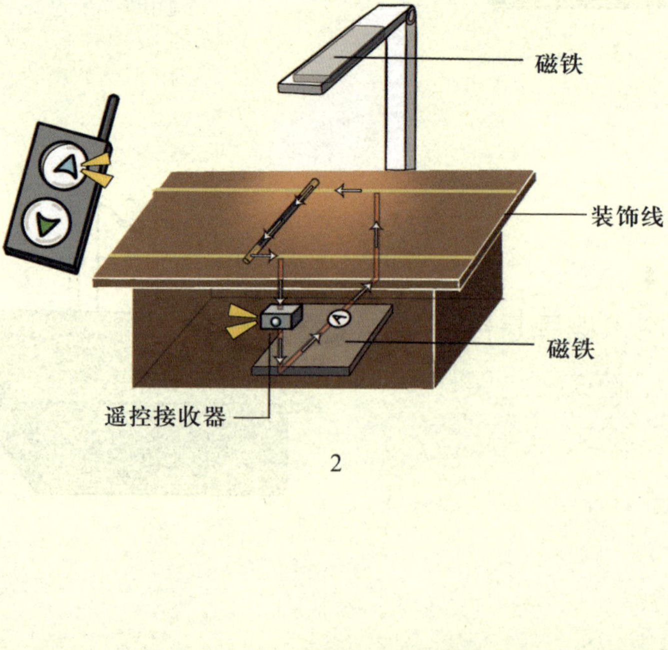

2

3. 按下不同的按钮，电流流动的方向会改变，进而改变电磁场，使得魔术棒向左或向右移动。

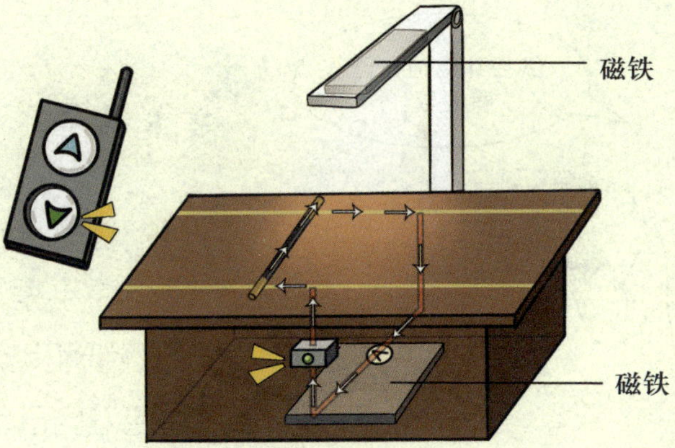

3

注意事项

这个实验需要小心操作，实验过程中电源相当于短路状态，要避免短路引起电池或导线过热。未成年人需在成年人的监护下进行。

旋转的电池

1

魔术表演

1 魔术师对观众说："现在，我手里有普通的磁铁、铝箔纸和电池，接下来，我要让电池自己转起来。"

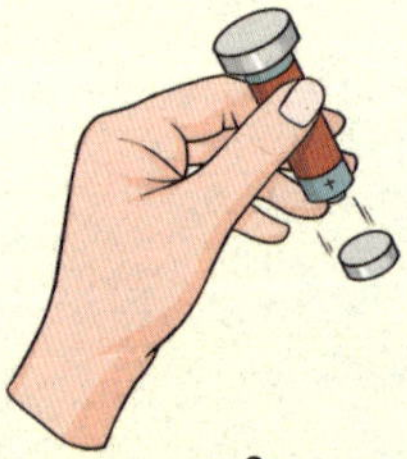

2

2 说完，他把磁铁吸附在电池的两端。

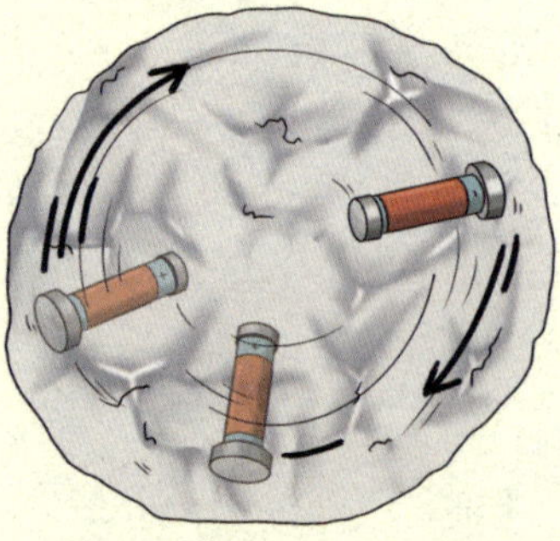

电池在铝箔纸上旋转起来

3

3 然后，魔术师把电池放在铝箔纸上。神奇的事情发生了——电池居然真的自己转了起来，仿佛被施了魔法！

科学原理

这个实验的本质是利用电和磁的相互作用让电池转动。当你把磁铁吸在电池的两端时，电池的正负极通过磁铁和铝箔纸连接起来，形成了一个闭合电路。电池开始向外输出电流，电流从电池的正极流出，通过铝箔纸，然后通过磁铁回到电池的负极。

磁铁在电池的两端产生了一个磁场，磁场就像电流流过的“环境”。当电流经过磁场时，它会受到磁场的影响，即受到安培力的作用。可以把安培力想象成一股推力，当电流遇到磁场时，磁场“推”了电流一把，而这股推力直接作用在电池上，使它转动起来。

因此，当电池被放在铝箔纸上时，它并不是自己转动的，而是由于电流在磁铁的磁场中受到了安培力，推动它旋转。这是电流和磁场之间相互作用的电磁现象，其实质和电动机的工作原理相似。

注意事项

和本章前面的魔术同理，这个魔术也需要小心操作，避免短路引起电池过热。

探秘科学知识

用安培定则判断磁场方向

1. 安培定则：用于判断运动电荷或电流的方向，及其产生的磁场方向。

如下页图所示，安培定则包括两种形式：

①通电直导线中的安培定则（安培定则一）：用右手握住通电的直导线，让大拇指指向电流的方向，那么四指的指向就是磁感线的环绕方向。

②通电螺线管中的安培定则（安培定则二）：用右手握住通电螺线管，让四指弯曲，使其方向与电流方向一致，那么大拇指所指的那一端就是通电螺线管的 N 极。

2. 左手定则：用于判断磁场对运动电荷或电流作用力的方向。

伸开左手，使四指和拇指垂直，将手放入磁场中，让磁感线垂直穿过手心。四指指向电流方向（或正电荷运动方向），拇指所指的方向就是安培力（或洛伦兹力）的方向。需要注意的是，当电流方向（或电荷运动方向）与磁感线方向平行时，安培力（或洛伦兹力）等于零。

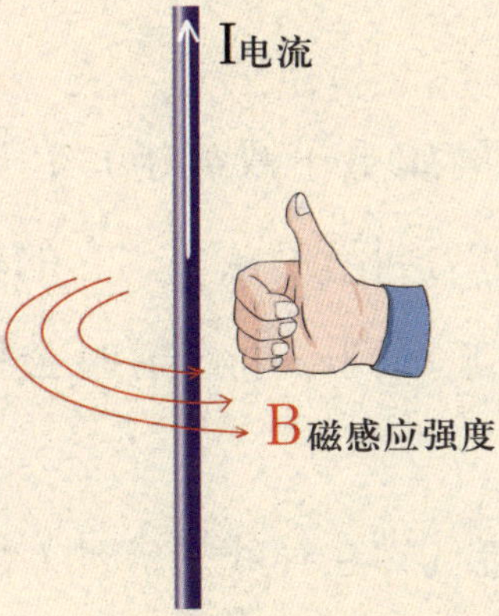

通电直导线的磁场方向

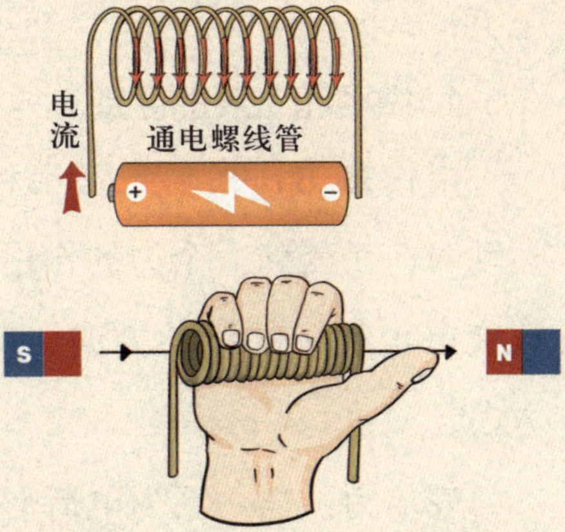

通电螺线管中的磁场方向

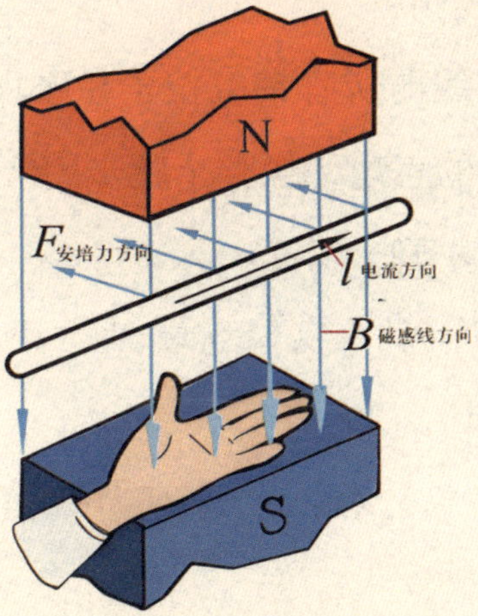

左手定则图解

洛伦兹力和安培力的区别

1. 微观和宏观的区别

洛伦兹力：当一个带电粒子（例如电子或离子）在磁场中运动时，会受到一个力的作用，这个力叫洛伦兹力。它的作用是改变带电粒子的运动方向，就像开车遇到一个弯道时会拐一下方向。

安培力：当一系列电荷形成电流（如在导线里流动）时，导线整体会受到磁场的作用力，这个力叫安培力。可以说，安培力是很多微小洛伦兹力的“团队力量”。

洛伦兹力是单个带电粒子在磁场中受到的力，像一个人跑步时感受到的风的影响。

安培力是导线内所有带电粒子在磁场中一起受力后，导线这个“团队”整体的表现，像整个跑步团队对风的集体反应。

2. 计算公式不同

洛伦兹力的简单计算公式是：$F = qvB$（粒子的电荷量 × 速度 × 磁感应强度）。

安培力的简单计算公式是：$F=ILB$（电流 × 导线长度 × 磁感应强度）。

3. 工作机制不同

洛伦兹力只改变粒子的运动方向，不做功[1]。就像推一个溜冰的人转弯，但没让他的速度更快或更慢。

安培力：可能做功。例如，让电动机转起来。

4. 简单记忆的方法

从大小看：洛伦兹力是“个人”力量，安培力是“团队”力量。

从作用对象看：洛伦兹力作用于单个粒子，安培力作用于导线这种宏观物体。

从方向看：都适用左手定则，洛伦兹力的方向是用带电粒子的运动方向与磁场方向来确定，安培力的方向是用电流方向与磁场方向来确定。

---

1 做功，物理学中的一个重要概念，是能量由一种形式转化为另一种形式的过程。

科学传奇故事

从奥斯特实验到安培定律

在前文中我们提到，奥斯特是第一个发现电和磁之间联系的人。奥斯特的实验展示了电流的磁效应：他将小磁针平行放置在通电导线旁，小磁针发生了偏转。这个实验不仅为打开电磁学的大门奠定了基础，还为奥斯特赢得了英国皇家学会的科普利奖。

法国物理学家安培起初坚信电和磁没有关联，但奥斯特的实验让他意识到自己的错误。安培迅速调整研究方向，经过一系列实验，他在 1820 年 9 月向法国科学院提交了一份报告，提出了右手螺旋定则（也称安培定则），用于判断磁场方向。随后他在几个月内，连续发表了三篇论文，并设计了九个重要实验，其中包括两个平行通电导线的实验，证明了同向电流会相互吸引。这些发现极大地改变了人们对电磁现象的认识，为安培在电磁学领域赢得了极高的声誉。

安培

洛伦兹与带电粒子的奇妙旅程

洛伦兹于1853年7月18日出生于荷兰。洛伦兹从小就对数学和物理表现出浓厚的兴趣。他16岁时进入莱顿大学学习物理，表现出卓越的学术才能。1875年，洛伦兹以优异的成绩获得了博士学位，他的论文题目是《对电磁现象和光现象关系的研究》，这为他后来的研究奠定了基础。

洛伦兹

博士毕业后，洛伦兹开始在莱顿大学任教，并迅速成为该领域的权威。他不仅在教学上表现出色，还开展了一系列重要研究，特别是关于电磁理论和光学的研究。洛伦兹对电磁波和光波的本质进行深入探究，提出了一系列重要的理论观点。

洛伦兹在研究带电粒子在电场和磁场中的运动时，发现带电粒子会受到一种特殊的力的作用，这种力会改变它们的运动方向。这种力被称为洛伦兹力。

洛伦兹力的发现极大地丰富了电磁理论。它阐释了带电粒子在电磁场中的运动规律，这在粒子物理学、电子学和电磁学等领域具有重要意义。洛伦兹力还为理解许多自然现象和技术应用提供了理论基础，例如，带电粒子在加速器中的运动、等离子体物理学中的粒子行为等。

洛伦兹在其职业生涯中获得了众多荣誉。1902 年，他与同事彼得·塞曼共同获得了诺贝尔物理学奖。洛伦兹不仅在科学研究方面卓有成就，还在国际科学界享有极高的声誉，并担任众多国际科学会议的主席。

洛伦兹于 1928 年去世，他的研究成果对现代物理学的发展产生了深远影响。今天，洛伦兹力公式被广泛应用于各种电磁理论和技术中，成为物理学中不可或缺的一部分。

为何安培和麦克斯韦没发现洛伦兹力

安培和洛伦兹生活在不同的时代，他们的研究重点和工具也有所不同。安培在 19 世纪初进行研究时，科学家们刚刚开始理解电和磁的关系。安培通过一系列实验发现，当电流通过导线时，会在导线周围产生磁场。他提出了著名的安培定律，用来解释电流和磁场之间的关系，并提出右手螺旋定则，帮助人们记住这个规律。当时，科学家们还不知道电子的存在，也不了解单个带电粒子的行为。

麦克斯韦

到了 19 世纪末，科学技术有了很大的进步，洛伦兹有了更多的科学工具和知识来进行研究。科学家们已经发现了电子，并对它们的行为有了一定的了解。洛伦兹通过研究单个带电粒子在电场和磁场中的运动，提出了洛伦兹力的概念，解释了电子等带电粒子在这些场中的行为。他的研究建立在安培和其他科学家研究的基础上，进一步拓展了电磁学的知识领域。因此，虽然安培和洛伦兹研究的都是电磁学，但由于他们所处时代不同，研究工具和知识基础也不同，他们的发现自然会有所区别。

麦克斯韦是 19 世纪中叶伟大的物理学家，他提出的麦克斯韦方程组统一了电场和磁场。这些方程精确描述了电场和磁场如何相互作用，以及电磁波如何传播，奠定了经典电磁理论的基础。尽管麦克斯韦的理论非常全面，但他并未具体描述带电粒子在电磁场中的运动情况。

由于麦克斯韦生活在 19 世纪中叶，当时的科学界主要关注电场和磁场的宏观性质和相互关系。麦克斯韦的工作重点在于建立统一的电磁场理论，而不是具体描述带电粒子的运动行为。

在麦克斯韦的时代，实验技术尚未达到可以精确观察和测量带电粒子在电磁场中运动的水平。许多关于粒子行为的实验需要更先进的仪器和方法，这在麦克斯韦的时代是难以实现的。

此外，麦克斯韦的理论还处于发展阶段，其方程组主要描述了电场和磁场的相互作用，而洛伦兹力涉及的是微观粒子在这些场中的具体运动。这一研究方向的深入发展需要在麦克斯韦理论的基础上进行进一步的探讨和实验验证。

知识拓展应用

火车的发展之路

1. 蒸汽火车

很久以前，人们用蒸汽动力来驱动火车。蒸汽火车内部有一个锅炉，用于产生蒸汽，蒸汽推动火车的轮子转动。这时候的火车速度相对较慢。蒸汽机会排放大量黑烟，对空气造成污染。

2. 内燃机火车

蒸汽机车在 19 世纪末开始被内燃机车所取代。1894 年，德国成功研制出首台以内燃机为动力的火车，这一突破为交通运输领域注入了新的活力。内燃机车以燃料燃烧作为原动力，在我国，绿皮火车通常是内燃机火车，绝大多数配备了柴油机。

3. 动车组（快速电力火车）

动车组是一种主要采用电力驱动的火车。它不像蒸汽火车那样用锅炉产生蒸汽，而是用电能来让火车跑得更快。动车的速度比以前的蒸汽火车快很多，坐起来很舒服，而且安静。

4. 磁悬浮列车

磁悬浮列车是一种利用磁力让列车悬浮在轨道上运行的交通工具。它通过磁力让列车“飘浮”在轨道上方，不接触地面，再利用电流产生磁场推动列车前进。因为悬浮起来，没有了轨道和车轮之间的摩擦，列车运行时只有空气阻力的影响，所以可以跑得更快。高速磁悬浮列车的速度能达到每小时 400 千米以上，而中低速磁悬浮列车的速度一般在每小时 100 ～ 200 千米。

磁悬浮列车

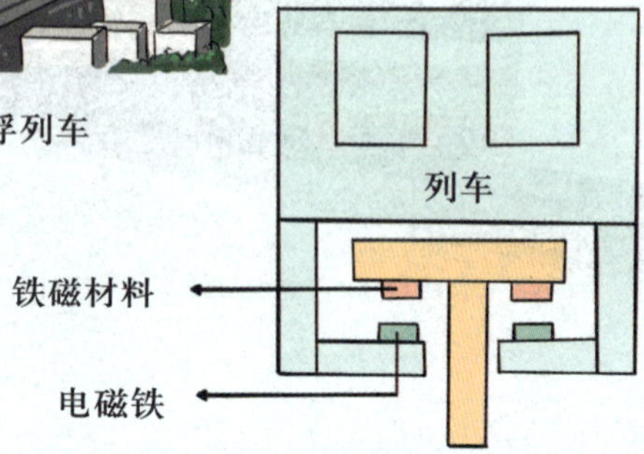

5. 高铁（高速动车）

高铁是一种速度极快的火车，其运行速度比普通动车快很多。它有专门的铁路，这些铁路特别平滑，这样高铁就能以非常高的速度运行。因为铁路很平滑，所以坐高铁的时候感觉很平稳，不会有明显的摇晃感。

动车和高铁的区别

高铁指的是线路，比如京沪高铁、西成高铁、沪昆高铁等。高铁线路是专门建设的高速铁路，设计时速在 250 ~ 350 千米 / 小时之间。而动车才是列车，全称叫动车组列车。

我们常说的 G、D 字头列车，都是动车组列车。“G 字头”是高速动车组列车，运行在高铁线路上；“D 字头”是普通动车组列车，运行在普通铁路或城际铁路上。

这里面有个误区，大家以为 G 是高铁的简称。其实，G 是高速动车组列车的简称。高铁是线路的名称，而 G 字头只是运行在高铁线路上的动车。不过现在大家习惯性地把高速动车组列车称为高铁。

所以，下次如果我们想更严谨一些，可以把“坐高铁”说成“坐高铁线路的动车”。

电磁炮是什么原理

电磁炮利用电和磁的力量来发射弹丸。它有两条平行的金属轨道，称为导轨，弹丸放在这两条导轨之间。当我们打开电源时，大量的电流流过导轨和弹丸，形成一个电路。这时，电流会在导轨周围产生一个磁场。根据电磁学原理，当电流在磁场中流动时，会产生一种叫作安培力的推力，这个力会推动弹丸沿导轨加速飞出。

电磁炮的设计看起来简单，但十分实用且高效。它们能让弹丸以非常高的速度飞出，远超传统火药驱动的效果。电磁炮可以用于军事用途，例如发射远距离的弹药，也可以用于科学实验，例如发射高速物体进行研究。要让电磁炮工作得更高效，我们需要解决很多技术问题，例如如何处理产生的巨大热量和如何提高能量效率。

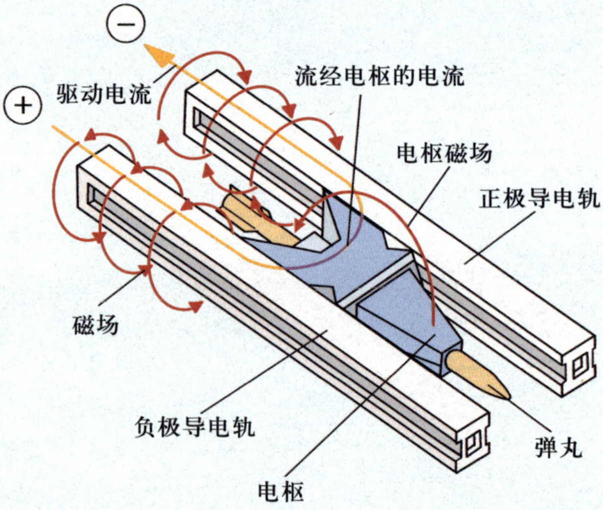

科学笔记

超凡前沿科技

电磁流体推进器

电磁流体推进器是一种颠覆性的推进技术，它利用电磁力驱动流体（如海水）产生推力，从而实现潜艇或其他水下设备的高效、静音航行。这项技术的核心原理是通过电流与磁场的相互作用，将海水转化为导体，进而推动水流，实现潜艇的“无声游动”。

1. 工作原理

电磁流体推进器通过向水中注入电流，使海水中的离子（如钠离子和氯离子）带电。这样，海水就变成了导体。接着，设备会产生强大的电流，电流通过导体时会产生磁场。磁场与电流相互作用，产生安培力，这种力会推动海水流动。根据牛顿第三定律，当海水被推动向后流动时，潜艇就会向前移动。由于整个过程没有传统的螺旋桨或机械传动装置，潜艇的航行几乎无声，因而隐蔽性极高。

2. 优势与特点

高效推进：电磁流体推进器的能量转换效率高，能够实现快速、稳定地推进。

低噪声：没有机械部件的运转，潜艇几乎不会产生噪声，非常适合军事用途。

灵活控制：通过调节电流强度和方向，可以精确控制潜艇的速度和方向。

对环境友好：相比传统推进方式，电磁流体推进器对海洋环境的影响较小。

3. 应用场景

电磁流体推进器非常适用于潜艇，因为它能够实现“无声潜航”，极大提升了潜艇的隐蔽性和作战能力。这项技术也可以用于深海探测器或水下机器人，帮助它们更高效地探索海洋深处。随着技术的进步，电磁流体推进器有望应用于未来的民用船舶，实现更环保、更高效的水上运输。

目前，电磁流体推进器还处于研究和试验阶段，但它的潜力巨大。未来，科学家可能会进一步优化这项技术，解决一些实际问题，比如能量消耗和设备耐久性。如果能够实现大规模应用，这项技术将彻底改变水下航行的方式，让潜艇和水下设备像“水下火箭”一样快速、安静地穿梭于海洋中。

魔幻科学实验

有趣的简易“小高铁”

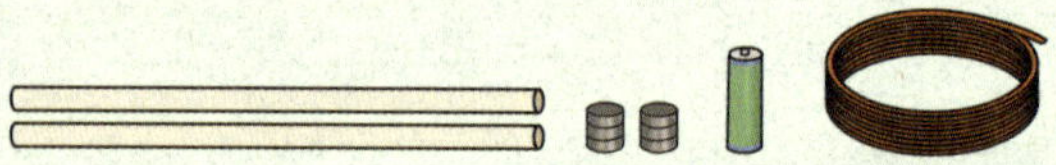

材料准备

塑料管、圆形小磁铁、电池、铜丝。

制作步骤

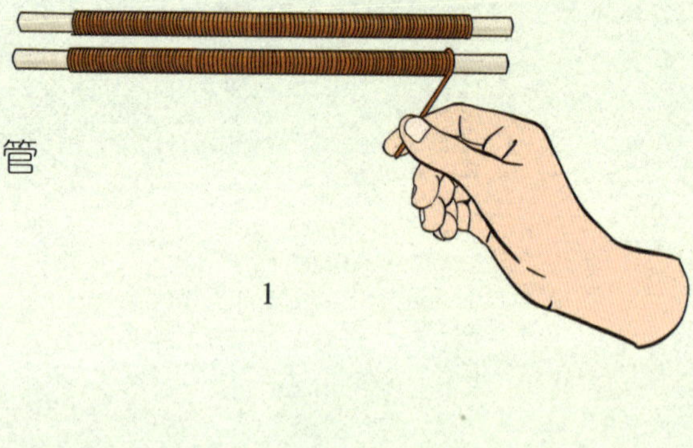

1

① 把铜丝缠绕在塑料管上，做成一个“小火车轨道”。

2

② 将电池的两端吸附上磁铁。

③ 然后将带有磁铁的电池放到两根铜丝管子上。

3

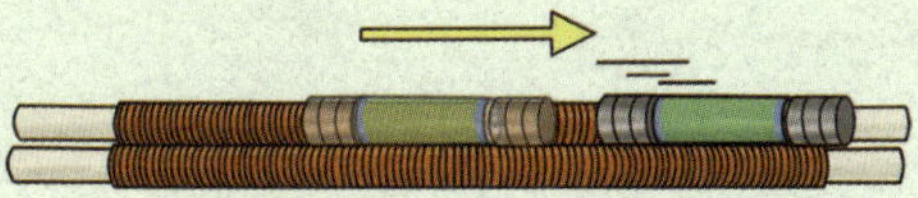

4

④ 这时，电池就真的像“小高铁”一样在铜丝管子上快速移动。

科学原理

这个现象是由电磁感应引起的。当把一节电池放置在两根铜丝管子之间时，由于磁铁的导电作用，电池内部产生了一个电流，根据安培定则，产生的感应电流会形成一个与电池电流方向相反的磁场。这个磁场会与原始磁场相互作用。这种相互作用会导致电池受到一个推力，使其沿着铜丝管子的方向移动。

第三章

磁生电的奇迹——法拉第电磁感应定律

在19世纪的科学舞台上，有一位才华横溢的“魔法师”，他的名字叫迈克尔·法拉第（1791—1867）。他发现的电磁感应定律不仅揭示了电与磁之间深刻而奇妙的关系，更为我们现代科技的发展奠定了坚实的理论基础。法拉第的贡献深远而广泛，他设计的发电机与电动机，将机械能与电能之间的转化表现得淋漓尽致；他发明的法拉第笼，则为我们提供了保护和屏蔽电磁的科学方法。

在本章中，我们将通过一系列生动的魔术，深入探讨法拉第的电磁感应定律在发电机、变压器和电动机中的卓越应用。我们将亲手制作简易的实验装置，观察并分析这些设备的工作原理，体验电磁感应的神奇魅力，领略科学的伟大力量。

神奇科学魔术

没有电源的电火花

1

魔术表演

1 魔术师向观众展示两根普通的铜线，并宣称："我不需要电源，就能让两根铜导线之间迸出电火花。"

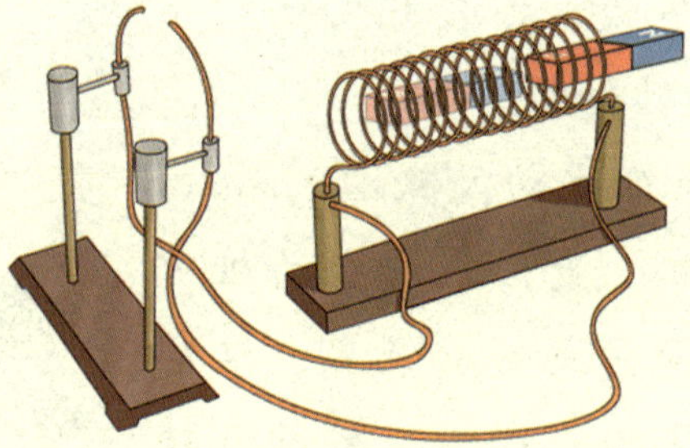

2

2 随后，魔术师拿出一块磁铁，快速地把它放进一个铜线圈里。接着，他开始小心翼翼地让磁铁在铜线圈中来回移动。

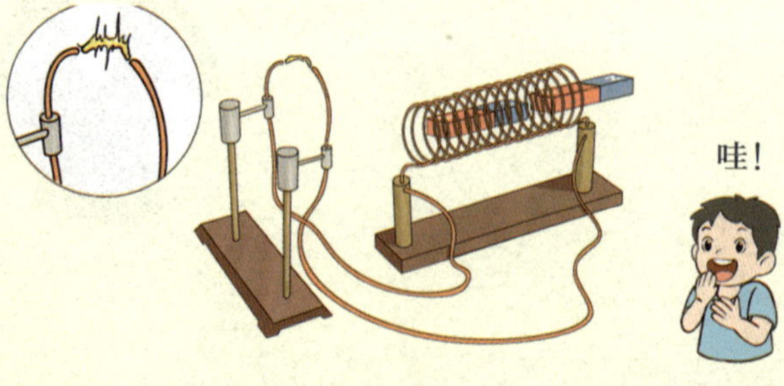

3

3 随着磁铁不停地往复运动，铜线两端之间居然闪烁起了耀眼的电火花！

科学原理

这个科学魔术利用的是磁生电原理。磁生电原理是指闭合电路的一部分导体在磁场中做切割磁感线运动时，导体中就会产生电流。这种现象叫作电磁感应现象，产生的电流叫作感应电流。发电机便是依据此原理制成的。

科学笔记

线圈点灯

1

魔术表演

❶ 魔术师拿出一根透明的玻璃管，然后把一个小灯泡两端的导线缠绕在玻璃管上。接着，他从口袋里拿出一块磁铁。

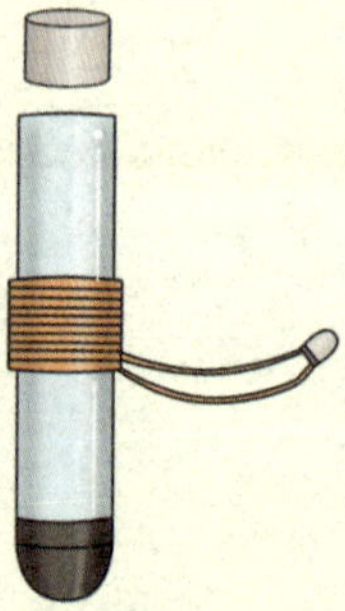
2

❷ 魔术师将磁铁轻轻放在玻璃管管口，然后松手将磁铁丢进玻璃管里。

3

❸ 就在磁铁掉下去的一瞬间，小灯泡竟然亮了起来！

科学原理

当磁铁被放在玻璃管管口处并释放时，磁铁会自由下落。根据法拉第电磁感应定律，变化的磁场会在周围的导体中产生电流。此时，磁铁的下落会导致管内的磁场发生变化，从而使得导线圈内产生感应电流，点亮灯泡。

如果魔术师在管子里不停地振荡磁铁，磁场的变化会更加频繁，从而产生间歇性的感应电流，导致小灯泡不断闪烁。

科学笔记

探秘科学知识

什么是电磁感应

发电厂是怎么把电送到千家万户的？手机是怎么无线充电的？这背后都离不开一个神奇的原理——电磁感应！电磁感应就是当一个磁场发生变化时，能让一根金属线（比如铜线）中“激发”出电流。这个现象最早在1831年被一个叫迈克尔·法拉第的英国科学家发现，他因此被称为“发电机之父”。

迈克尔·法拉第

电磁感应是一种神奇的现象，能够将机械能转化为电能。它的基本原理是，当磁场通过导体（比如铜线）时，导体中会产生电流，产生的电流叫作感应电流。法拉第通过实验发现，当磁通量（磁场线穿过某一面积的数量）的变化作用于导体回路时，回路中会产生电动势（电压），这就是电磁感应的核心原理。

磁通量可以理解为磁场穿过一个区域的“磁场线”的数量。想让磁通量变化，可以通过以下三种方法来实现。

1. 改变磁场的强度。如果磁场变强或变弱，磁通量就会跟着改变。当把磁铁靠近线圈时，磁场变强了，线圈里的磁通量就变大了。

2. 改变导体的形状或面积。如果导体的形状变了，如线圈拉长或缩短，穿过它的磁场线数量就会改变，磁通量也会随之变化。

3. 让导体和磁场发生相对运动。当导体（如铜线）在磁场中运动，或者让磁铁在导体附近移动，磁通量也会变化。这有点像拿着磁铁在铜线周围挥动时，电流就会因此而产生。

这就是电磁感应的神奇之处，通过改变磁场的“状态”，就能让电流出现！

右手定则：判断部分导体切割磁感线运动产生的电流的方向

伸开右手，让四指和拇指垂直，将手放入磁场中，让磁感线垂直穿过手心，拇指指示导体运动方向，四指所指方向就是感应电流的方向。需要注意的是，当导体运动方向与磁场方向平行时，不产生感应电流。

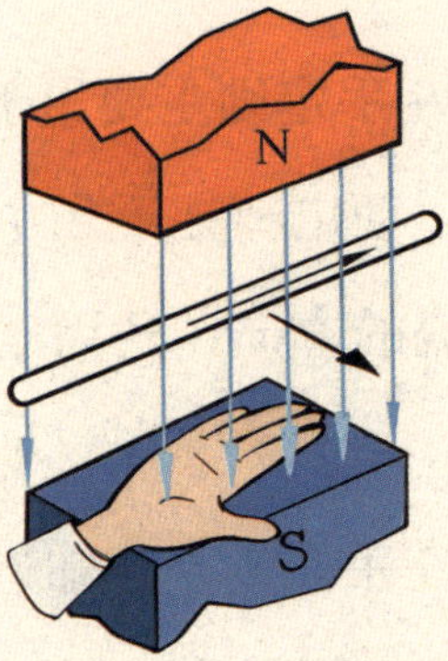

左手定则与右手定则的区别

比较项目	右手定则	左手定则
作用	判断感应电流方向	判断通电导线 受磁场力的方向
已知条件	已知导体运动方向 和磁场方向	已知电流方向 和磁场方向
图例	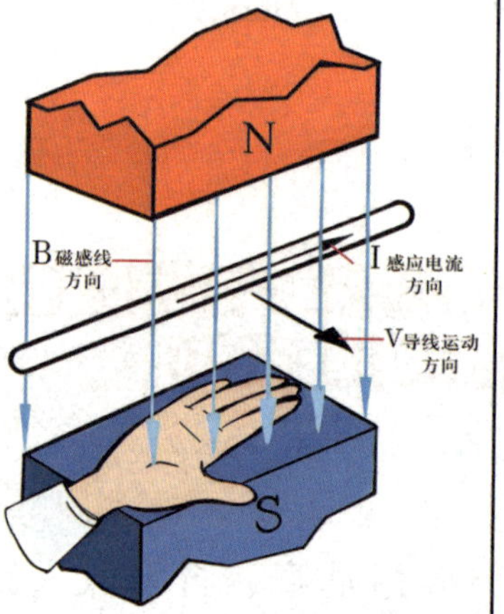	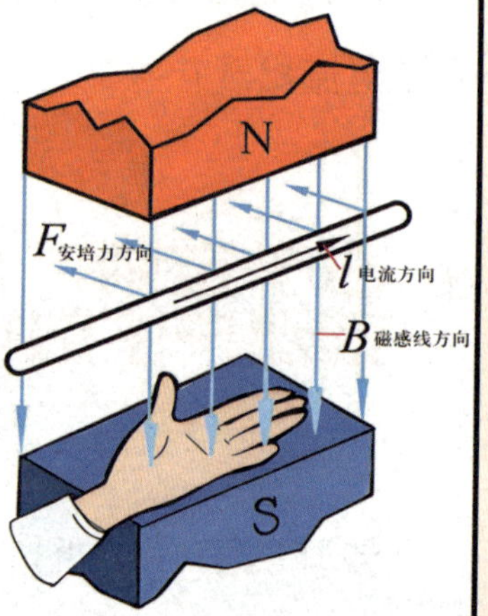
因果	运动→电流	电流→运动
应用实例	发电机	电动机

应用场景不同：左手定则主要用于判断电磁力或洛伦兹力的方向，适用于电流或运动电荷在磁场中受力的情况；而右手定则主要用于判断感应电流的方向，适用于导体在磁场中运动时产生感应电流的情况。

推导路径不同：左手定则是在知道磁场和电流的情况下，用来判断力的方向；右手定则是在知道磁场和导体运动方向的情况下，用来判断电流的方向。

手势不同：虽然左手定则和右手定则都是将手掌摊平，四指并拢且与拇指呈 90° 角，使磁力线从掌心穿过，但左手定则中，四指指向电流方向，拇指指向即电磁力或洛伦兹力方向；右手定则中，拇指指向导体运动方向，四指指向即感应电流方向。

科学笔记

知识拓展应用

电磁感应——生活中的隐形魔法

电磁感应听起来像是实验室里的概念，但实际上它无处不在！

1. 发电机：将大自然的力量变成电力！

法拉第发明的圆盘发电机

在发现电磁感应现象后，法拉第并没有止步不前。他继续深入研究电的产生和利用，并于 1831 年发明了圆盘发电机。这是人类历史上第一台发电机，标志着电能的实用化进程。法拉第的圆盘发电机由一个旋转的导体和一个固定的磁场组成，当导体在磁场中旋转时，就会产生电流。

圆盘发电机的发明为后来的电力生产和分配开辟了新的道路。虽然法拉第的发电机效率并不高，但它却是电力技术发展的重要起点。随后，众多科学家和工程师在法拉第发明的基础上进行了创新与改良，最终发展出了现代的发电机。

2. 变压器：电的“电梯”

你知道电从发电厂送到你家时，要“坐电梯”吗？电网里的变压器就是负责这个任务的。它通过电磁感应原理把电压提高或者降低，就如同电流在不同的高度间移动。高压电传得快，低压电用起来更安全，所以变压器就像一架能精确调节的电梯，确保电流安全到达每个家庭。

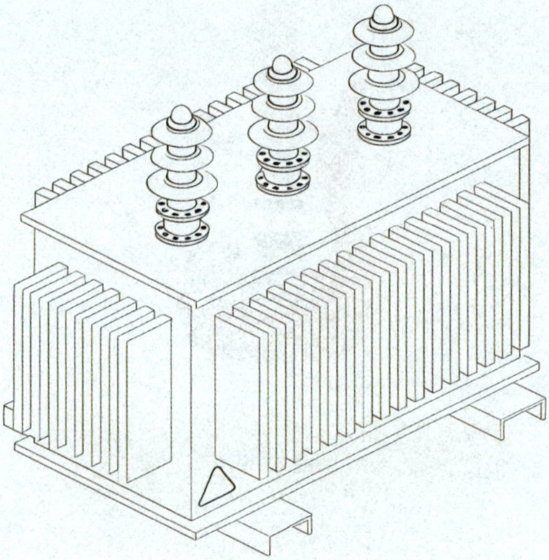

变压器外形图

3. 电吉他拾音器：让音乐“电”动起来！

电吉他之所以能发出那么震撼的声音，秘密就在它的拾音器里！当你弹动吉他弦时，弦的振动会改变周围的磁场。电吉他拾音器中的线圈就能通过电磁感应把这些振动“翻译”成电信号，传递到音箱，最后通过扬声器释放出美妙的音乐。这种“电音魔法”让摇滚乐和电子音乐充满活力！

电吉他

4. 感应式自行车灯：你骑得越快，灯就越亮！

你有没有见过那种不用电池的自行车灯？这种灯的工作原理正是电磁感应。当你骑车时，轮子上的一个小发电机（磁电机）开始转动，线圈切割磁力线，产生电流，给车灯供电。你骑得越快，灯泡就变得越亮！这种“自发电”的设计不仅环保，还特别省事。

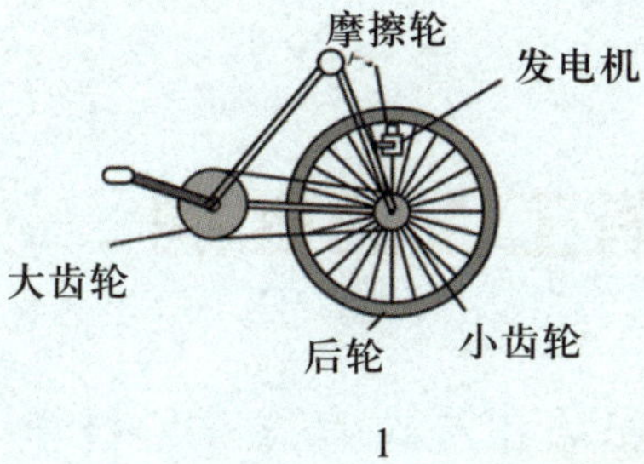

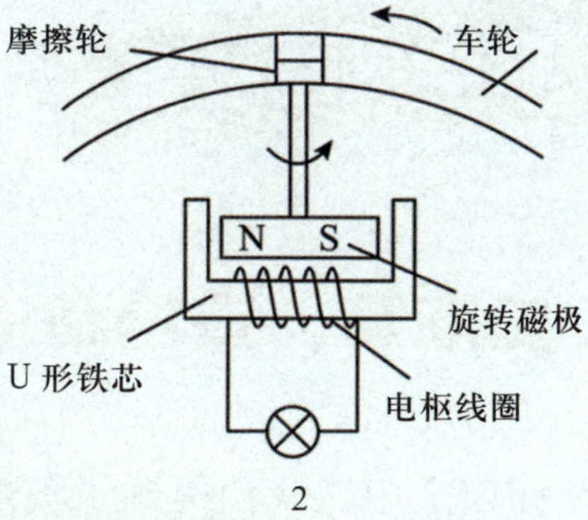

自行车灯的电路原理图

5. 感应电流防盗系统：超市里的“隐形警察”

你在进出超市时是否注意到入口处那些高高的“门框”？它们就是超市的防盗系统，其工作原理也用到了电磁感应。超市里的商品几乎都挂有防盗标签，如果有人试图偷偷拿走商品，标签中的线圈就会在防盗门的磁场中产生感应电流，从而触发警报。电磁感应简直就是超市的“隐形警察”！

科学传奇故事

奥斯特、安培和法拉第工作的区别

在前文中，我们提到了奥斯特、安培和法拉第这三位科学家，那么他们的研究内容有什么区别呢？

1. 奥斯特

贡献：奥斯特在实验中发现，当电流通过导线时，会在导线周围产生磁场，并且能够影响附近的磁针发生偏转。这是电流可以产生磁场的最早发现，揭示了电和磁现象之间的联系。

2. 安培

贡献：在奥斯特发现电流产生磁场的现象后，安培进行了深入的研究，他不仅系统化地描述了电流与磁场的相互作用，还提出了安培定律。安培证明了两条平行电流导线之间的吸引或排斥作用，以及电流周围磁场的分布规律。

3. 法拉第

贡献：法拉第发现了电磁感应现象，即变化的磁场可以在导体中产生电流。他通过一系列实验，证实了当磁场强度发生变化时，可以在闭合电路中感应出电流。这一发现为发电机和变压器的发明奠定了理论基础。

时间顺序总结：

1820 年：奥斯特发现电流可以产生磁场。

1820 年：安培基于奥斯特的发现提出安培定律，描述电流与磁场的相互作用。

1831 年：法拉第发现电磁感应现象，揭示了变化的磁场可以产生电流。

通过这三位科学家的连续发现，电磁学不断发展并逐步系统化。

法拉第与电磁感应的发现

19 世纪初，法拉第出生在英国一个普通的家庭，父亲是一名铁匠，母亲是一位家庭主妇。尽管家境贫寒，法拉第却有着强烈的求知欲和好奇心。他十几岁时在一家装订书店当学徒，这给了他接触大量书籍的机会。通过自学，法拉第掌握了丰富的科学知识，尤其是化学和物理方面的内容。

汉弗里·戴维

法拉第的努力很快得到了回报。他有幸成为著名化学家汉弗里·戴维的助手。戴维是电化学领域的先驱，法拉第在他的实验室工作，学到了许多关于化学和电学的知识，这段经历为法拉第日后的科学研究打下了坚实的基础。

1831 年，法拉第开始了他著名的电磁感应实验。他怀疑电和磁之间存在着某种联系，于是决定进行一系列实验来验证他的想法。法拉第用一根铜线绕成一个线圈，然后连接到一个电流计上。然后，他拿起一块磁铁，慢慢地靠近线圈。令人惊讶的是，电流计的指针竟然动了起来！

法拉第继续进行实验，他发现当快速将磁铁移开时，电流计的指针会反向移动。这一现象引起了他的极大兴趣，他意识到磁场的变化会在导体中产生电动势，即电流。法拉第通过反复实验，最终揭示了这一现象的规律：当磁通量发生变化时，在线圈中会产生电动势。这个发现被他称为“电磁感应”。

法拉第的电磁感应定律不仅是一个实验成果，还揭示了电和磁之间的深刻联系，奠定了电磁学的基础。法拉第的发现为现代电力技术的发展铺平了道路。发电机的工作原理正是基于电磁感应，通过旋转磁场来产生电流，从而为我们的日常生活提供电力。

法拉第不仅在科学上取得了卓越的成就，他的人格魅力也令人敬仰。尽管他在科学界享有盛誉，但他始终保持谦逊。他没有追求物质财富和荣誉，而是专注于科学研究和教育事业。法拉第还热衷于科普工作，经常通过公开讲座向普通人传授科学知识。

超凡前沿科技

磁共振成像技术

1. 什么是磁共振成像（MRI）？

磁共振成像（MRI），是现代医学中的一种神奇工具。它可以帮助医生看到人体内部的情况，就像给身体拍了一张特别清晰的照片。但是，这张照片不是普通的照片，而是通过一种叫作磁场和无线电波的东西拍摄出来的。

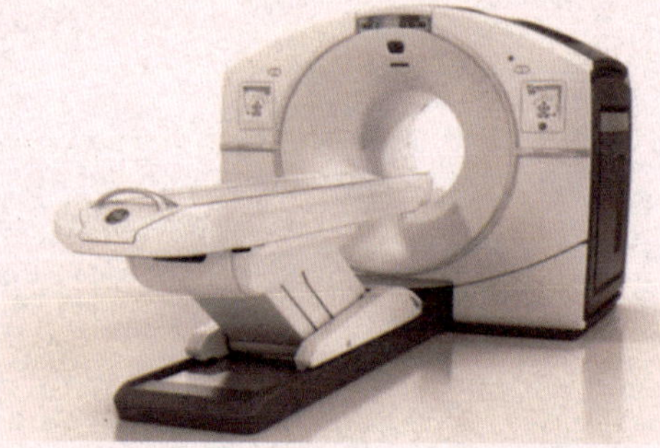

2. MRI 是如何工作的？

首先，MRI 机器会制造出一个非常强大的磁场，这个磁场会让人体里面的氢原子核（就像小磁铁一样）都朝特定方向排列。然后，机器会发射一种特殊的无线电波（射频脉冲），这会让那些整齐排列的氢原子核变得混乱起来，开始转圈圈。当射频脉冲停止后，氢原子核就会慢慢恢复到原来的状态，在这个过程中，它们会释放出一些能量，这些能量就像一种看不见的电磁波。

这时候，法拉第电磁感应定律就派上用场了。在 MRI 机器里，有一些接收线圈，这些线圈就像一些特别灵敏的耳朵，当氢原子核释放的能量以电磁波的形式传播过来时，接收线圈就能感应到这种变化的磁场，并生成对应的电信号。最后，计算机把这些电信号变成我们能看懂的图像，这样医生就可以清楚地看到身体内部的情况了。

3.MRI 的实际应用

脑部疾病诊断：如果一个人脑袋不舒服，医生可以通过 MRI 排查是否有肿瘤或者中风等问题。

肿瘤检测：对于一些很难发现的肿瘤，如乳腺癌和前列腺癌，MRI 可以早早地发现它们。

骨骼损伤评估：如果扭伤了膝盖或者摔断了骨头，医生也可以通过 MRI 来仔细查看损伤的情况。

随着科技的进步，MRI 技术可能会变得更加强大。例如，可能会有分辨率更高的 MRI，能看到更多细节；还可能有更小巧、更便宜的 MRI，让更多医院都能负担得起；甚至可能会结合人工智能，让电脑自己分析 MRI 图片，帮助医生更快、更准地诊断病情。所以，法拉第电磁感应定律在我们的生活中发挥着巨大的作用。

魔幻科学实验

著名的法拉第电动机

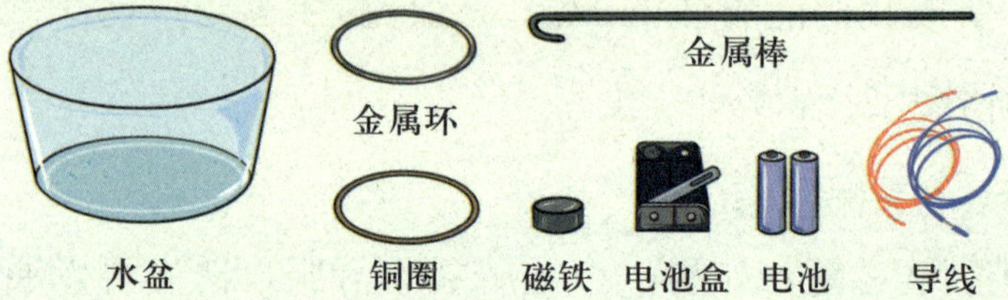

材料准备

水盆一个，金属环、铜圈各一个，金属棒一根，小磁铁一枚，电池盒一个，5 号电池 2 节，导线数根。

实验步骤

① 往水盆里接上半盆水，将磁铁垂直地放入水盆中心处。接着，在磁铁的周围放置一个铜圈。然后在架子上固定一个金属环，并把金属棒挂在金属环上，使金属棒悬在水中。

② 用导线将电池开关的一端连接到水中的铜圈上，另一端连接到悬挂的金属棒上。

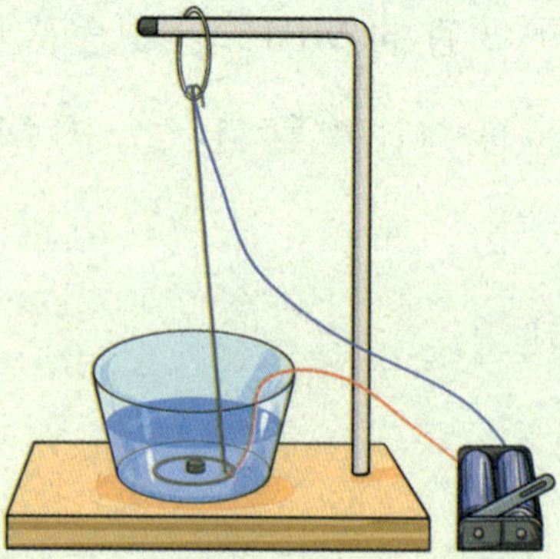

1–2

③ 闭合电池开关，金属棒竟然会绕着水中的磁铁旋转起来！

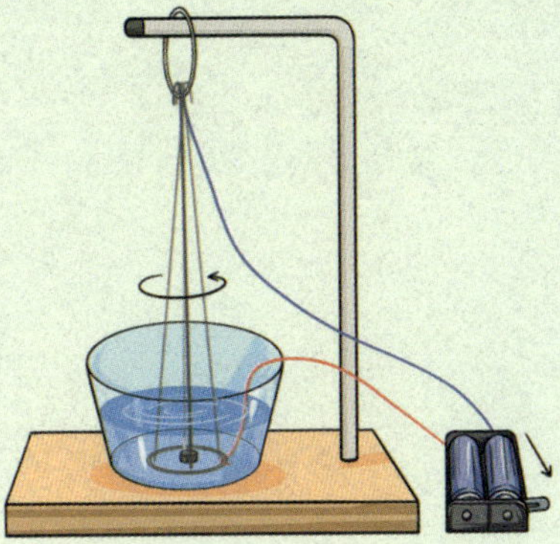

3

科学原理

实验中，铜圈被放置在磁铁的磁场中，当电路闭合，电流开始流动。电流从电池流经悬挂的金属棒，到达铜圈。根据法拉第的电磁感应定律，当电流流经铜圈时会在铜圈周围产生变化的磁场。因为铜圈靠近磁铁，这个变化的磁场与原始磁铁的磁场相互作用，产生了一种力，这种力会使得悬挂的金属棒绕着磁铁旋转。

这个过程展示了电磁感应，即电流能够产生磁场，并且变化的磁场又能产生电流。这个现象是现代电动机技术的基础，也是电动机工作的原理之一。在这个实验中，实验者通过巧妙地隐藏电路，并利用电磁感应原理，创造了一个看似神奇的旋转效果。

法拉第的电动机虽然结构简单，但在电动机发展史上具有里程碑意义。它展示了电能和机械能之间的转化，为后续电动机研发和应用奠定了基础。

第四章

复杂的电磁感应——电生电

在电磁学的广阔宇宙中，电与磁的相互作用如同一场永恒的哲学对话，揭示了自然界中最根本的存在法则：电生磁，磁生电，彼此交织，循环往复。这一过程如同宇宙的根本规律，揭示了能量与物质之间最深刻的联系。电流在导线中流动，磁场在空间中蔓延，二者相互激发，这种互动不仅存在于实验室的精密设备之中，更在宇宙的每一个角落悄然上演。从地球的磁场到太阳的电磁风暴，从无线电波的传播到量子世界的波动，电与磁的相互作用无处不在，构建了宇宙运行的基本框架。

站在本章的起点，我们将进一步探讨电生磁、磁生电的奥秘，揭示这一现象背后的科学原理。让我们走进这个充满魅力的电磁世界，感受能量流动的韵律，领悟宇宙运行的深邃智慧。

神奇科学魔术

神笔马良点灯

1

魔术表演

❶ 魔术师对观众说：“我将化身神笔马良，为你们变魔术！”然后他拿出一块玻璃、一个 LED 灯泡和一个开关。

❷ 他把灯泡和开关装在玻璃板上，拨动开关，灯泡毫无反应。

2

3

❸ 接着，魔术师用笔在玻璃板上画上导线和一节电池。

4 大家正疑惑时，魔术师再次拨动开关，神奇一幕发生了——灯泡亮了起来！观众们瞪大眼睛：这画出来的电线竟然真的带电了！

4

科学原理

灯泡可以隔空发光的奥秘藏在装置的底座中。这个特制底座运用了电磁感应原理。底座内包含一个电磁线圈，LED灯泡上藏有小型的感应线圈，由于灯泡底下的开关没有与任何线路连接，此时拨动开关并不能点亮灯泡。而魔术师暗中用遥控器开启电磁线圈的开关后会产生电流。当电流通过线圈时，会产生磁场。而当磁场变化时，会在LED灯泡的感应线圈中产生感应电动势和电场。LED灯泡只需要很小的电流就可以点亮，当其位于底座电磁场的范围内时，电磁感应作用会使其亮起来。

隔空取电

魔术表演

1 魔术师向观众展示一个圆环形的荧光灯管，笑着问：“谁能在不通电的情况下让灯亮起来？”现场一片安静，没人回答。

1

2 魔术师把灯递给观众检查，大家确认这只是普通的荧光灯管。于是，魔术师开始表演。他向空中虚抓了一把空气，接着用手指了指灯，灯竟然亮了起来！

2

科学原理

魔术师提前把灯的控制器（通电的铜线圈）放在袖口，当灯靠近袖口时自然就亮了起来。在表演时，需要穿一件长袖的衣服。

荧光灯管亮起来的原理和上一个魔术中的LED灯有区别。铜线圈产生的变化磁场可以在荧光灯管两端产生电压，这个电压会推动电流流过灯管。灯管里装的是一种特殊的气体，这种气体被电流“激活”后会变得很“兴奋”，形成等离子体。等离子体会发出紫外线（肉眼看不见）。紫外线照射到灯管内壁涂覆的荧光粉上，荧光粉就会发出我们能看到的可见光，于是荧光灯管便亮了。

如果线圈的电流足够强，产生的磁场也会相应增强，这样感应出来的电压和电流也会更大。这时候，不管是LED灯管还是荧光灯管，都可以亮得和插电供电时一样。

预言画板

1

魔术表演

1 首先，魔术师让观众随意挑一张牌，并记住所选的牌。

2

2 然后，魔术师说：“我这有个预言画板，上面画的就是你选的牌。”

3

3 魔术师一翻画板，观众一看就乐了，说：“我选的可不是红心8。”

4

4 魔术师把画板往桌上一放，挥动魔杖，红心8就神奇地变成了方块3。

科学原理

首先，魔术师通过强迫选牌的手法让观众选到方块3，为了营造有趣的魔术效果，魔术师一开始展示了一张错误的牌——红心8，让观众以为魔术师失误了。

其次，魔术师的预言画板实际是一个巧妙设计的装置。为了实现牌面图案的变化，画板上贴有一层铝板。电磁炉通过电磁感应加热金属物体，当铝板处于电磁炉的作用范围内时，铝板产生涡流，从而加热其表面。画板表面的扑克图案使用了热敏的变色材料。当打开电磁炉开关后，画板上的铝板被加热，同时还会导致表面的热消墨水发生变化，原本绘制的红心8在加热后会变成方块3。而此时画板的下半部分和框都是木质材料，不会被加热，所以观众触摸画框的位置不会觉得温度有变化。

探秘科学知识

电是如何生电的

除了前三章介绍的电生磁或磁生电这些关系外，本章还探讨了复杂的电磁感应现象，有电生磁再生电，电生磁生电最后生热等。具体来说，如果线圈 A 和 B 放在一起，当电流流过线圈 A 时，会产生一个磁场。如果线圈 A 中的电流发生变化（例如，电流增大或减小），那么磁场也会随之变化。根据法拉第电磁感应定律，这种变化会在线圈 B 中产生电动势，从而产生电流。这个过程是相互的，也就是说，我们也可以通过改变线圈 B 中的电流，来让线圈 A 中产生电流。

当电流在导体内流动时，往往会产生一些叫作“涡流”的东西。这些涡流由于导体的电阻作用而减速，最终导致一部分电能转化为热能。这种热量的获取就来源于涡流引起的原子快速运动，原子之间不断碰撞和摩擦，并释放出热量。需要注意的是，涡流的强度会受到很多因素的影响，如导体的电阻和涡流的频率等。这里有个有趣的应用叫作“感应加热”。这个技术的特点在于，它能够直接在金属内部产生热量，而不需要提前加热外部，这就像在微波炉中将食物加热。

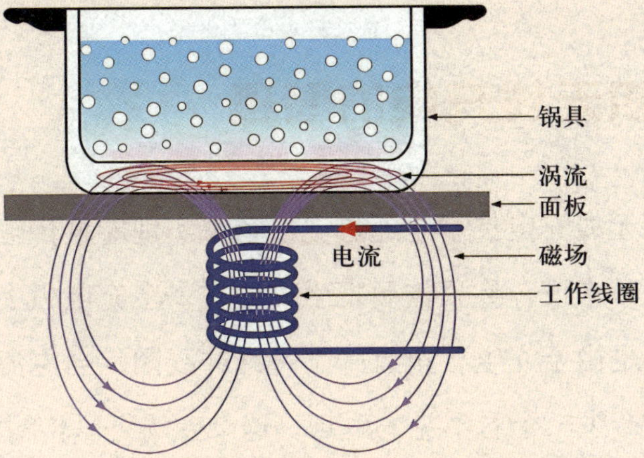

楞次定律的应用——涡流

此外，当高频电流流经金属工件时，会出现一种被称为“趋肤效应”的现象。这就好比在游泳池里，水流在表面奔腾，而深水区几乎没有波动。这种情况使得电流主要集中在金属的表层，从而增强了表面的加热效果。趋肤效应的强度与电流的频率成正比，频率越高，电流越集中在表面，加热效果就越明显。因此，这种效应为感应加热提供了坚实的理论基础，使其在电弧焊等领域得到广泛应用。

知识拓展应用

手机无线充电的原理

手机无线充电技术是通过电磁场来实现能量传输的一种创新方式。简单来说，你只需要把手机放在一个充电板上，就能自动充电。这是由于充电板里有一个特殊的线圈，当电流通过这个线圈时，会产生一个看不见的磁场，这个磁场可以传输能量。

手机内部也有一个小线圈，当手机放在充电板上时，这个小线圈会感应到充电板产生的磁场。根据电磁感应原理，这个磁场会在手机的小线圈中产生电流。这个电流通过手机里的电路，转换成可以直接给电池充电的电流，于是手机就开始充电了。

无线充电的优势在于它非常方便和整洁。你不用再找充电线，只要把手机放在充电板上，就能开始充电。不过，无线充电

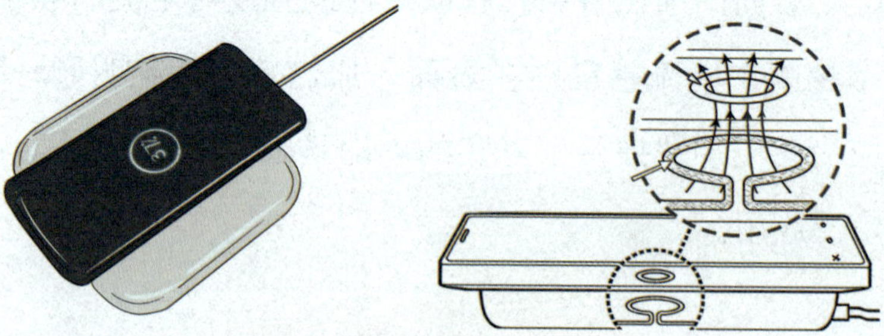

手机无线充电原理示意图

的速度通常比有线充电慢一些，如果手机和充电板没有对准，可能会影响充电效率。

电磁炉的工作原理

电磁炉是一种不用火焰就能加热锅具并烹饪食物的现代厨房设备。它运用了电磁感应的原理来加热食物。你只需要把锅放在电磁炉上，按下启动钮，锅就会迅速变热，便能开始烹饪食物。

电磁炉里有一个叫作感应线圈的零件，它是用铜线绕成的。当开启电磁炉时，电流通过这个线圈，产生一个看不见的磁场。如果你把一个铁锅或不锈钢锅放在上面，这个磁场会在锅底产生涡流。涡流在锅底流动时，因为锅底有电阻，所以会发热，就会像魔法一样加热锅里的食物。

电磁炉有很多优点。首先，它加热速度非常快，因为能量直接传到锅底，比传统的煤气灶和电炉更有效率。其次，电磁炉的温度控制很精准，你可以很容易地调节火力大小。再次，电磁炉本身不会发热，所以更安全，减少了烫伤的风险。最后，它还很节能环保，因为它的高效能量传递减少了能源浪费。

虽然电磁炉很方便，但使用时有一些需要注意的地方。首先，必须使用铁锅或不锈钢锅等导磁性材料的锅具，铝锅、铜锅和陶瓷锅是不能用的。其次，电磁炉工作时会产生电磁场，可能会对附近的电子设备产生干扰，所以要注意电子设备的放置位置。

铝锅等锅具为何不能在电磁炉上加热？这是因为电磁炉的工作原理基于电磁感应，只有导磁性材料的锅具才能在交变磁场中产生强烈的涡流，从而使锅具快速升温。而铝的导磁性差，无法有效地与电磁炉产生的交变磁场相互作用，无法在锅底产生足够的涡流来加热。因此，使用电磁炉时，应选择导磁性材料的锅具，如铁锅或不锈钢锅，以确保电磁炉能够正常工作并高效加热。

科学笔记

科学传奇故事

特斯拉的梦想和特斯拉线圈

尼古拉·特斯拉于 1856 年 7 月 10 日出生在奥匈帝国的一个小村庄，也就是现在的克罗地亚。据说他出生那天晚上雷雨交加，闪电划破夜空，这个巧合似乎预示了他一辈子跟电的缘分。

特斯拉从小就对自然科学充满好奇，当其他孩子热衷于玩耍时，他却对各种机械装置充满了兴趣。特斯拉从小就展现出异于常人的聪慧，可以不借助任何工具，在脑海中完成复杂的数学计算。这些特质都展现了特斯拉的天才之处，但也让他在同龄人中显得格格不入，从而导致了他常常被孤立的情况。

1875 年，特斯拉考进奥地利格拉茨理工学院，学习工程和物理。在那里，他第一次看到发电机，却觉得它效率太低，心中思索：能不能让电更高效地传输？那时候，世界上流行的是直流电，由托马斯·爱迪生推广。直流电只能短距离传输，因为电压没法轻易提升，远距离传输就会浪费很多能量。特斯拉却想到另一种电——交流电。1882 年，特斯拉在布达佩斯散步时，突然想出了“旋转磁场”的办法。什么是旋转磁场？就是依次为几个磁铁通电，让磁力绕着圈转，从而带动电动机自行运转，不用依赖外力推动。这是个大突破，因为它让交流电有了实用的动力装置。他赶紧画下图纸，随后申请了专利。

1884 年，特斯拉带着梦想去了美国，找到爱迪生，想一起合作。

爱迪生是直流电专家，觉得交流电不可靠。两人没谈拢，特斯拉辞职后自行创业。他在纽约设立了一间小实验室，成功制造出交流电机。1888 年，他向公众展示自己的发明，证明了交流电真的能用。1891 年，特斯拉发明了特斯拉线圈。这是一种能把普通电变成高压电的装置，原理是用一个小线圈通电产生磁场，再让旁边的另一个大线圈感应出超高电压。实验时，它能放出几米长的电弧，非常震撼。他还发现，高压电能通过空气点亮灯泡，这让他想到：电也许能无线传输。1893 年，芝加哥世界博览会成了特斯拉展示才华的舞台。他用交流电点亮了整个会场，围观的人都惊呆了。1896 年，他更进一步，在尼亚加拉大瀑布建造了水电站，利用水力发电，再通过交流电送到 25 千米外的布法罗城。这是世界上第一座大型交流电水电站，彻底改变了传统的用电方式。特斯拉还有更大的梦想，他希望利用无线电波传递消息，甚至传输电力。1899 年，他在科罗拉多做实验，用特斯拉线圈造出人造闪电，还测到地球像个大导体一样传输电波。他后来在纽约建造了沃登克里弗塔，计划实现全球无线通信。可惜，由于资金不足，塔未能完工。晚年的特斯拉遭遇了重重困难，资金耗尽，项目也停滞不前。

1943 年 1 月 7 日，特斯拉在纽约一家旅馆去世，享年 86 岁，去世时他几乎一贫如洗，但他的发明永载史册。特斯拉是实至名归的科学巨人，他用数学和实验，把交流电推向了世界舞台。

沃登克里弗塔

魔幻科学实验

电磁炉点灯

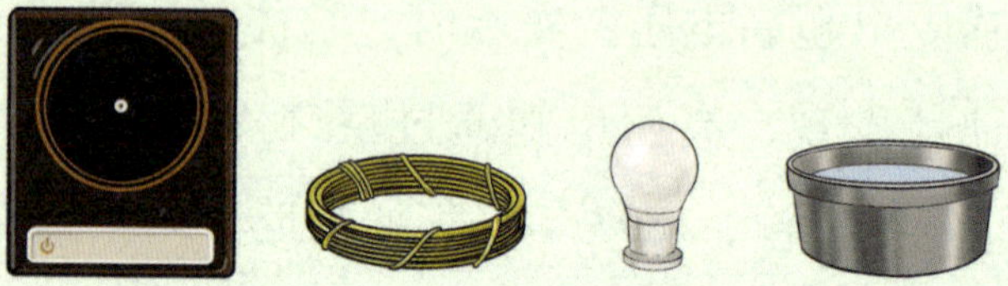

电磁炉　一捆电线　带底座的灯泡　装水的不锈钢锅

材料准备

电磁炉，一捆电线，带底座的灯泡，装水的不锈钢锅

实验步骤

① 将电线卷成一卷，并把电线的两端接在灯泡的底座上。

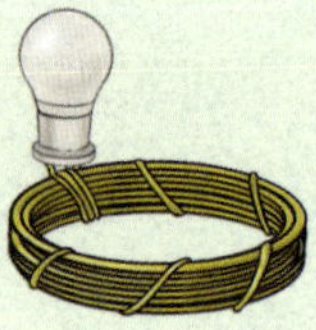

1

2

② 将卷好的电线和灯泡放在电磁炉上，此时灯泡可能会闪烁，这是因为电磁炉没有检测到锅具，就不会持续产生磁场。

③ 为了让电磁炉正常工作，在电磁炉上再放置一个装了水的不锈钢锅。这时，灯泡被神奇地点亮了。

3

4

④ 把电线从电磁炉上拿起，你会发现灯泡仍然保持亮的状态。

科学原理

这个实验展示了电磁炉如何利用电磁感应原理来工作。最初，灯泡不亮是因为电磁炉检测不到锅具。当我们在电磁炉上放上装水的不锈钢锅后，电磁炉开始正常工作，电磁炉内部产生变化的磁场，会在电线上产生感应电流，产生的感应电流使灯泡亮起。

注意事项

本实验涉及电器操作，请务必注意安全，电磁炉通电后切勿触碰其上加热的锅和水，未成年人请在成年人的监护下进行实验。

第五章

楞次的魔术——来拒去留

在人类探索自然的伟大征途中，总有一些瞬间如同星辰般璀璨，照亮我们对未知世界的渴望。19世纪的欧洲，科学的曙光正缓缓升起，一代代科学家用理性与实验撬开了宇宙奥秘的大门。就在这片崭新的科学天地中，一位伟大的物理学家——楞次，以他深邃的洞察力，揭示了自然界中一个看似神秘却无比优雅的定律——楞次定律。这一发现仿佛一场魔术表演，令整个科学界为之震撼。

当导体周围的磁场变化时，伴随着电磁感应，一股新生的力量应运而生。这力量如同一道看不见的屏障，默默无声，却无比坚定。它总在阻碍引起它产生的力量，宛如一位守护者，始终捍卫着自然界的平衡法则。这种力量来自何处？为何它总是如此执着？本章将为你解开这些谜题。

神奇科学魔术

控制重力加速度

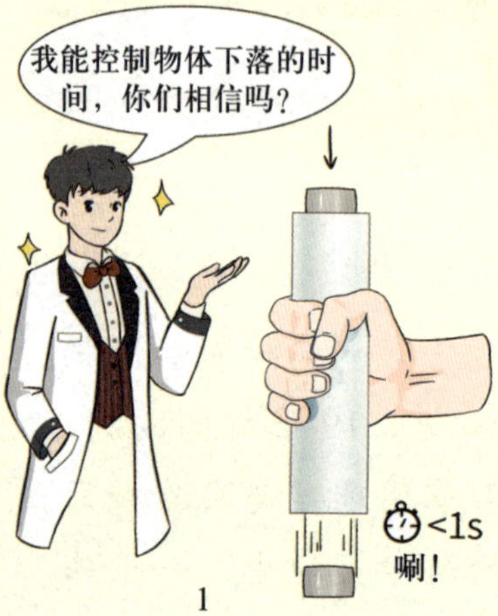

1

魔术表演

1 魔术师邀请一位观众上台，并递给他一根看似普通的管子，示意观众握住管子的一端。接着，魔术师将一个普通的铁块轻轻丢进管子中，铁块不到 1 秒落下。

2 魔术师接过管子，向观众展示：“现在，我要让铁块下落的速度变慢。”他再次将铁块丢进管子里。这次，铁块竟然缓缓地从管中滑落，3 秒仍未落下。

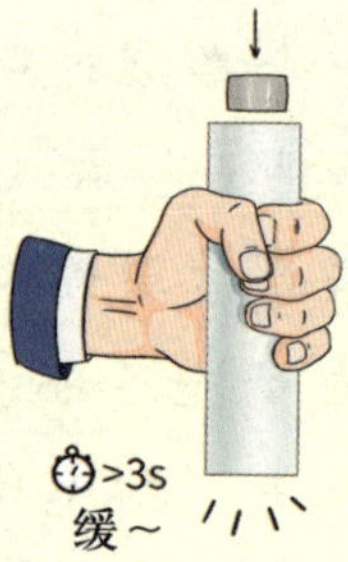

2

3

3 观众表示难以置信，于是魔术师让他再次亲自操作。观众重新握住管子，试图重现刚才的情景。当他再次丢人铁块时，铁块还是不到 1 秒就落下去了。

科学原理

1. 第一次快速下落

磁铁在重力作用下自由落体，快速到达管底。管子内部有铜线，虽然管内的铜线会在铁块下落时产生变化的磁场，但由于铜线是断开状态，没有形成闭合回路，因此不会在铜线中产生足够的感应电流（涡流）来对磁铁的下落产生足够的阻碍。因此，磁铁受到的阻碍较小，几乎以自由落体的速度下落。

2. 第二次缓慢下落

魔术师悄悄闭合铜线连接的开关，铜线两端连接，此时铜线形成了一个闭合回路。当磁铁在管中下落时，根据法拉第电磁感应定律，铜线中会感应出电流，即涡流，它在铜线中流动并产生自己的磁场。再根据楞次定律，这个磁场会阻碍由于磁铁下落产生的磁通量的变化，使磁铁下落速度减慢。

3. 第三次快速下落

魔术师悄悄打开了铜线圈的开关，铜线圈再次断开，感应电流消失，磁铁恢复自由落体速度，再次快速下落。

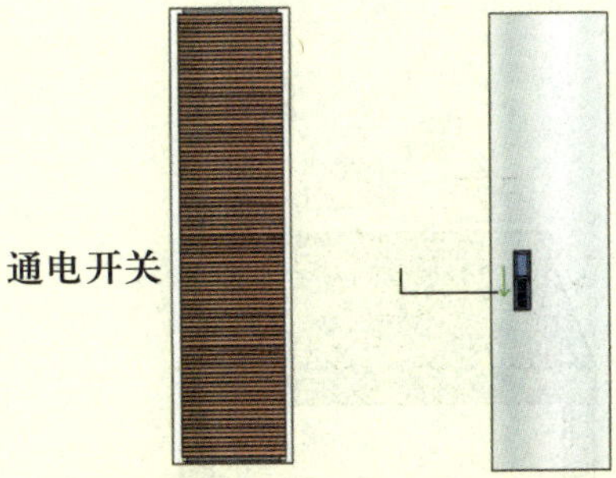

管子内部夹层里的铜线圈图

惊险的手机游戏

魔术表演

1 魔术师向观众展示一个摆锤，摆锤看起来很普通，接着他在摆锤的右侧小心地放上了一块玻璃。魔术师告诉观众：“如果让摆锤摆过去，会把玻璃敲碎。”

1

2 魔术师拉起摆锤后，松开手，摆锤快速摆动，猛地撞向玻璃。随着一声脆响，玻璃应声而碎，瞬间爆裂。

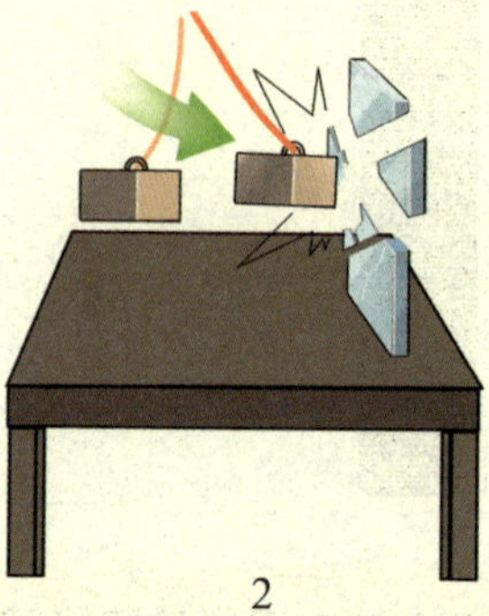

2

3 魔术师笑着说："我们做一个更刺激的表演！"随即，他在原先玻璃的位置放上了手机。

3

4 当摆锤再次下落时，神奇的一幕发生了！就在摆锤即将接近手机时，速度开始慢慢减缓，直到轻轻地碰到手机上，手机毫发无损！

4

科学原理

第一次实验：摆锤击碎玻璃

魔术师使用的是一个磁性摆锤，摆锤在重力作用下自由摆动。当摆锤摆到最低点时，具有最大的速度和动能，因此猛烈撞击玻璃，玻璃被直接击碎。这是普通的物理现象，没有特殊机关，符合能量守恒和动量定理。

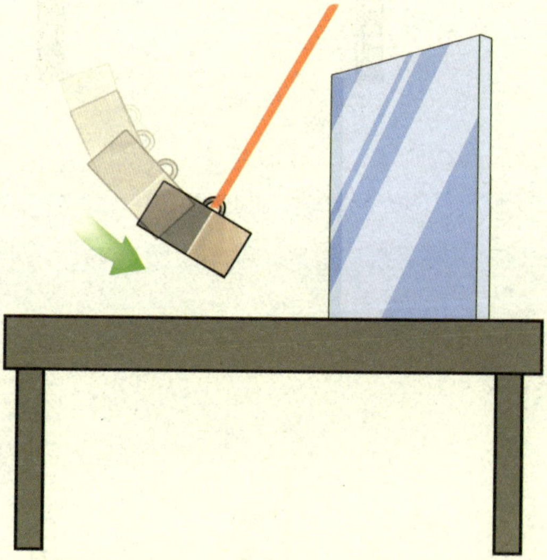

1

第二次实验：摆锤未损坏手机

魔术师其实在桌子下方加了一块铝板，或者把摆锤移动到桌面藏有铝板的一侧。当磁性摆锤接近铝板时，磁铁的运动会引发电磁感应现象。根据楞次定律，感应电流会产生一个磁场，这个磁场的方向是阻碍磁铁运动的原因。也就是说，感应磁场会试图减缓磁铁的速度。结果就是，磁性摆锤速度显著变慢。

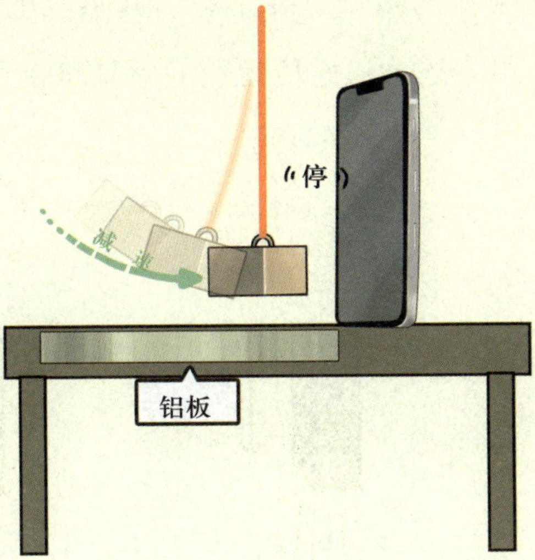

2

注意事项

未成年人不要使用真手机尝试。

探秘科学知识

什么是楞次定律

楞次定律由俄国科学家海因里希·楞次于 1834 年提出，旨在确定感应电流的方向。楞次定律指出，感应电流具有这样的方向，即感应电流的磁场总要阻碍引起感应电流的磁通量的变化。楞次定律还可表述为：感应电流的效果总是反抗引起感应电流的原因。

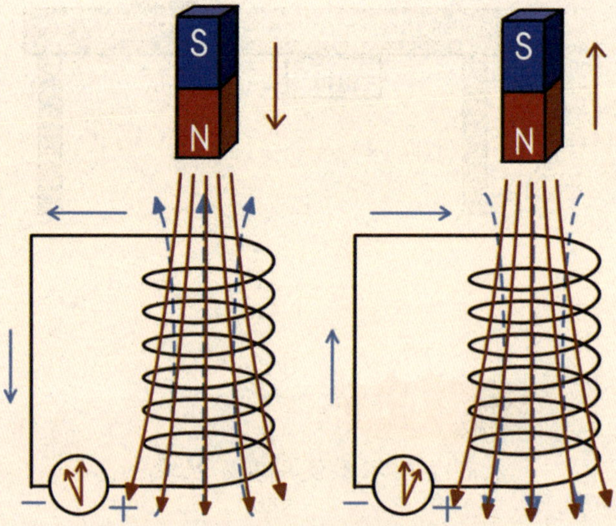

楞次定律示意图

如上图所示，当磁铁进入铜线圈时，线圈中会产生一个和磁铁磁场方向相反的磁场，阻碍磁铁进入。当磁铁远离铜线圈时，线圈中会产生一个和磁铁磁场方向相同的磁场，阻碍磁铁远离。

楞次基于法拉第的实验结果，通过进一步的实验和理论分析，提出了这一原理。他通过深入研究感应电流的方向及其产生的磁场，验证了这一规律。楞次定律不仅在解释电磁感应现象方面起到了关键作用，还在电动机、电磁装置的设计和分析中具有重要应用。

当我们了解楞次定律后，学会电磁感应的基本原理，再去回顾“控制重力加速度”这个魔术，就更能深入明白其背后的原理。磁铁在下落过程中，磁通量的变化速度决定了感应电流的大小。由于铜线圈是导体，当磁铁下落时，会形成涡流。这些涡流的存在导致了一个反向的磁场，根据楞次定律，这个反向磁场会抵消部分原始磁场的作用，从而减缓磁铁的下落速度。

知识拓展应用

楞次定律的应用

楞次定律在许多领域都有广泛应用，它的核心内容是感应电流的方向总是与引起磁通量变化的方向相反，从而阻碍这种变化。在电磁制动系统中，这一原理被广泛运用。例如，在列车或过山车的电磁制动系统中，它帮助列车或过山车平稳减速。金属探测器同样利用了这一定律，当探测器磁场遇到金属物体时，金属内部产生的涡流会反作用于探测器的磁场，从而使设备探测到金属的存在。

在感应加热设备中，楞次定律通过高频交变磁场让金属内部产生涡流，这些涡流产生的热量用于快速加热金属，这一应用在工业金属加工中十分常见。此外，楞次定律还广泛应用于电感器和变压器的设计中，它通过控制电流和电压的变化，来实现电能的高效传输。在铁路和工业设备中，涡流制动和涡流检测技术利用这一原理实现了无接触减速和材料的无损检测。这一定律不仅推动了电磁技术的发展，也为现代工业和生活带来了极大便利。

金属探测器

金属探测器利用电磁感应原理来探测金属物体，广泛应用于安检、考古、探矿等领域。

工作原理：

金属探测器通过其内部线圈产生交变磁场，当金属物体进入磁场范围时，会在金属物体中产生涡流。由楞次定律可知，涡流又会产生一个反向磁场，改变探测器线圈的感应信号。探测器通过检测这种信号变化来判断是否存在金属物体及其大致位置。

应用场景：

1. 安全检查

在机场、火车站和大型活动中，金属探测器被用于检测行李和人员身上是否携带金属物品，确保公共安全。

金属探测器

2. 考古探险

考古学家和探险者利用金属探测器寻找埋藏于地下的文物和宝藏，尤其是在沙土和草地等环境中，金属探测器能够有效定位金属物品。

3. 矿产勘探

在矿产勘探中，金属探测器用于寻找地下的金属矿藏，如金矿和银矿，帮助地质学家和矿工确定开采位置。

能用金属探测器寻找金矿吗

黄金作为一种优良的导电金属，理论上是可以被金属探测器检测到的。但在实际应用中，其效果往往受到多种复杂因素的限制。首先，黄金在自然界中可能以金矿石、金砂或纯金块等形式存在，这些不同形态的黄金对金属探测器的响应可能有所不同。其次，黄金可能与其他金属混合，或者埋藏在复杂的地质环境中，这会增加探测的难度，甚至导致探测结果的不准确。而且，黄金的磁性较弱，这使得在实际探测中，金属探测器对黄金的识别可能不如对铁磁性金属那样灵敏和准确。此外，探测器的灵敏度和频率设置都会对探测效果产生影响。

因此，在实际应用中，如果想更有效地探测黄金，需要选择专门设计用于寻找贵重金属的金属探测器。并根据实际情况调整探测参数，以提高探测的准确性和效率。

科学笔记

法拉第与楞次之间的关系

法拉第（1791—1867），英国科学家，以其对电磁感应的发现而闻名。他在 1831 年通过一系列实验证明了变化的磁场可以感应出电流，这一突破性发现奠定了电磁学的基础。他的工作是定性的，注重实验现象的描述。

楞次（1804—1865），俄国物理学家，他在 1834 年提出了著名的楞次定律，明确了感应电流的方向总是倾向于反对引起它的磁通量变化。楞次的研究是对法拉第电磁感应定律的数学化和理论补充，使其更加严谨和完整。

两位科学家之间的“关系”可以概括为以下 3 点。

1. 时间与地域差异

法拉第生活在英国，楞次生活在俄罗斯，两人生活的时代重叠，但没有证据显示他们有过直接的通信或会面。当时的科学交流主要通过出版物和学术圈间接传播。

2. 科学上的互补

法拉第发现了电磁感应的现象，但并未详细阐述电流方向的规律。楞次在法拉第研究的基础上，进一步提炼出感应电流的方向性原则（楞次定律），这可以看作对法拉第发现的理论完善。

某种意义上，楞次是站在法拉第的“肩膀”上，进一步推进了电磁学的发展。

3. 尊重与传承

楞次非常尊重法拉第的贡献，他的定律本质上是法拉第电磁感应定律的延伸。科学史上，楞次定律常与法拉第电磁感应定律并提，体现了两人工作上的高度关联性。

超凡前沿科技

电磁制动技术

电磁制动是一种非常神奇的技术，它利用电磁感应原理来实现对运动物体的减速或停止。当你乘坐高速列车时，列车在高速行驶中突然需要减速或停车，这时利用电磁制动系统可以确保这一过程安全且稳定。

高速列车或过山车的底部安装有强力磁铁。这些磁铁就是电磁制动系统的关键部分。当列车或过山车以高速通过由导电材料（例如铝或铜）制成的轨道时，这些轨道像魔法通道一样，磁铁

电磁制动过山车刹车图示

的运动会在导体轨道中产生涡流。涡流会产生一个与原来磁场方向相反的磁场，这种反向的磁场就像一只看不见的大手，拉住飞速行驶的列车或过山车，让它们逐渐减速，安全地停下。

电磁制动作为高铁或者过山车的制动系统有很多优点。首先，它可以非常快速地响应需求，几乎是瞬间就能产生制动力。其次，通过控制磁铁的强度和位置，可以非常精确地调节制动力的大小。最后，由于电磁制动不依赖物理接触，所以没有磨损，更加耐用。没有摩擦也意味着制动过程中产生的噪声更小，这让乘客乘坐时更加舒适。

魔幻科学实验

悬浮的铝箔圆环

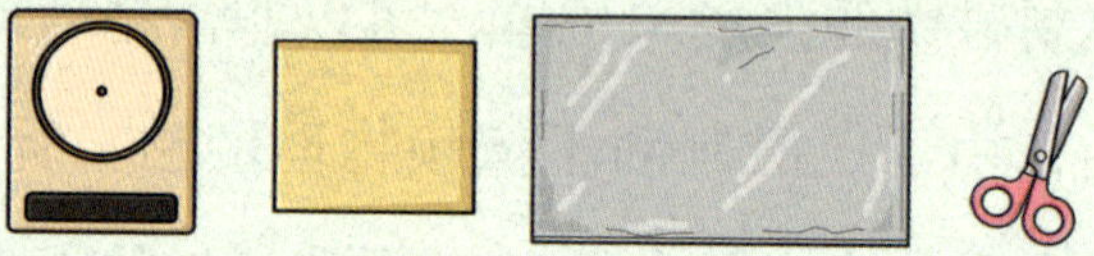

材料准备

电磁炉、硬纸板、铝箔纸、剪刀

实验步骤

1

① 用剪刀将铝箔纸剪成长条，并卷成一个圆环。

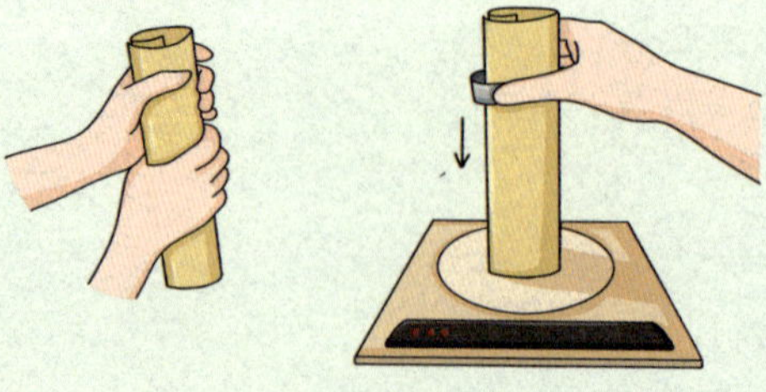

2

② 将硬纸板卷成筒状，再将纸筒立在电磁炉正中央，把铝箔圆环套在圆筒上。注意，铝箔圆环的直径应略大于纸筒。

③ 可以观察到此时铝箔圆环竟然悬浮了起来。

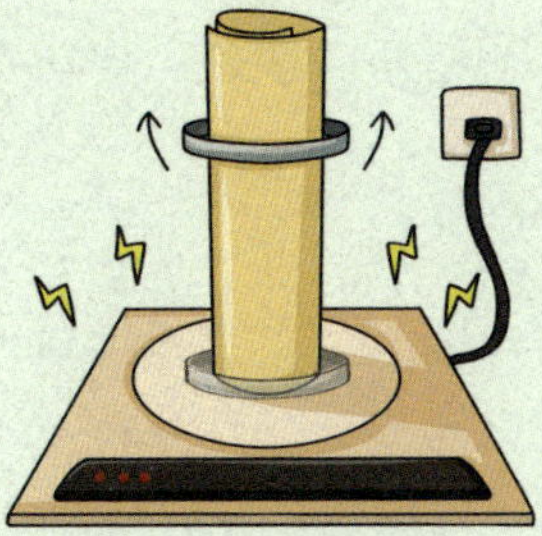

3

科学原理

电磁炉悬浮铝箔圆环的原理主要基于电磁感应现象和楞次定律。电磁炉内部有一个大的线圈，当通入交流电时，线圈会产生变化的磁场。当铝箔圆环放置在电磁炉上时，铝箔圆环也会产生感应电流。这种感应电流在铝箔圆环内部形成旋涡状的电流，即涡流。涡流在铝箔圆环内部流动时会产生热量，使得铝箔圆环温度升高。同时，由于楞次定律的作用，感应电流产生的磁场会与电磁炉的磁场相互作用，且会与原磁场相斥，导致铝箔圆环受到向上的作用力，从而悬浮。

这种现象不仅限于铝箔圆环，也可以用于其他轻质金属薄片。实验中可以通过改变铝箔圆环的形状来观察不同的悬浮效果，进一步理解电磁感应和楞次定律的应用。

第六章

改变世界的电磁波——电气时代的科学基石

在科学与技术交织的历史长河中，电磁波的发现无疑是一个划时代的里程碑，它不仅揭示了自然界隐秘的力量，也奠定了现代社会的技术基石。19世纪中期，詹姆斯·克拉克·麦克斯韦从经典电磁学的理论出发，提出了一组数学方程——麦克斯韦方程组。在这组方程中，他预言了电磁波的存在，并详细描述了电场与磁场如何交替振荡并在空间中传播。这不仅是一次理论上的壮举，更是科学史上的奇迹，它揭示了电磁现象的统一性，为物理学打开了新的研究视野。然而，这个理论仍需实验的验证。几十年后，海因里希·赫兹通过一系列精巧的实验，首次验证了电磁波的存在。

在这一章中，我们将穿越时间与空间，回到麦克斯韦和赫兹的时代，探寻电磁波产生与传播的规律。通过实验模拟电磁波的形成与运动，观察它的奇妙特性。

神奇科学魔术

伟大的赫兹奇迹

魔术表演

1 魔术师向观众展示一个铜环，并请观众仔细检查，确认铜环上没有任何机关夹层。

1

2

2 观众检查完毕后，魔术师一挥手，铜环之间竟然闪现出电流火花！

3 接着，魔术师在铜环两端连接上一个灯泡，再次施展“魔法”，灯泡居然亮了起来！观众们瞪大眼睛，纷纷赞叹：“这可真是奇迹！”

3

科学原理

1 魔术师在舞台的远处放置了一个电磁波发射装置。这个装置主要由振荡器构成，而振荡器包括电源、发射天线和电路。电源提供高频交流电，通过电路激励发射天线，从而产生电磁波。

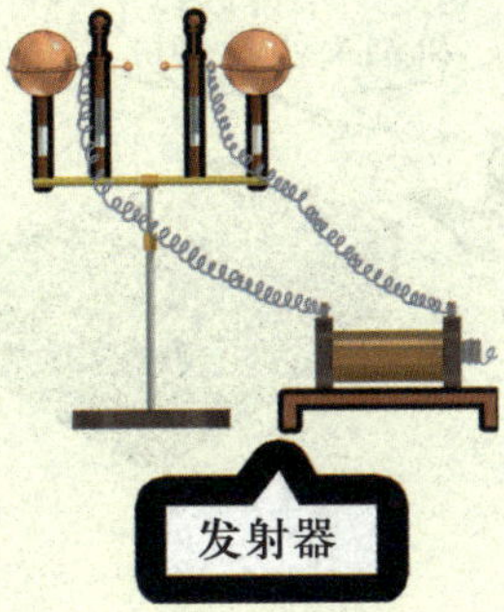

1

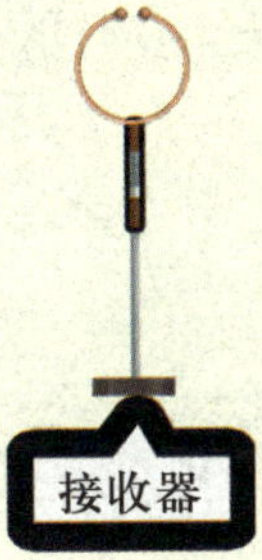

2

2 展示的圆环相当于接收器，用来接收发射出的电磁波。接收器通常与一个检测器（如间隙放电装置）连接，用于检测接收到的电磁波。

3 将发射器通电，接收器接收电磁波并在铜环间产生电火花。这个魔术模拟了赫兹验证电磁波存在的实验。

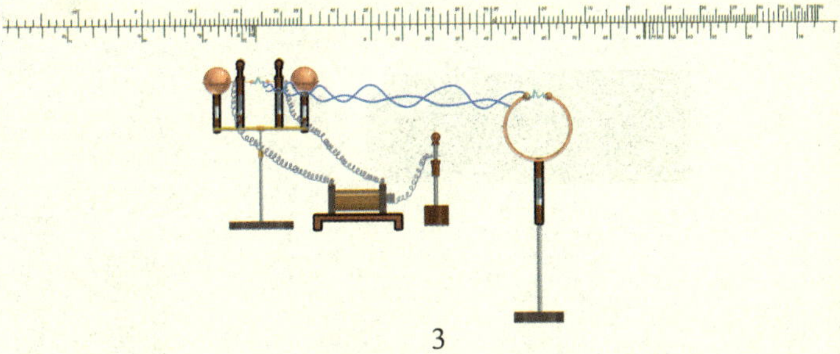
3

消失的手机

1

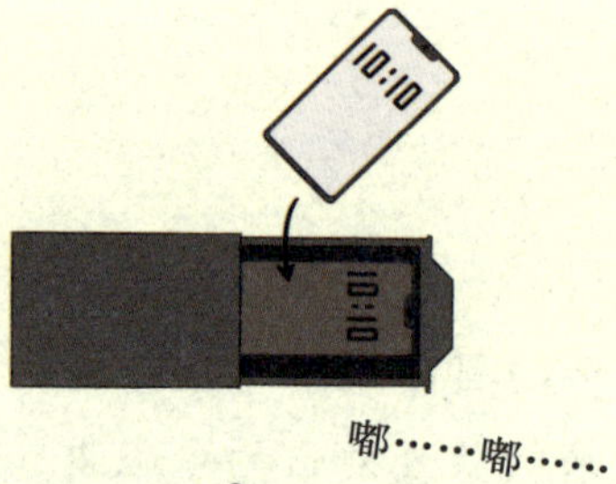

2

3

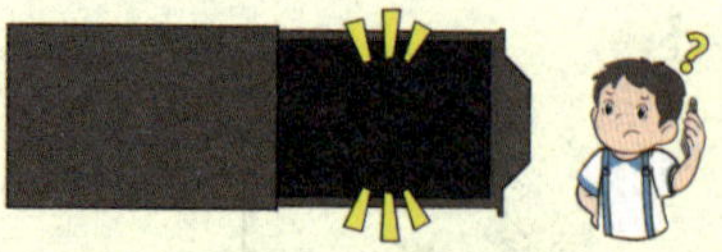

4

魔术表演

1 魔术师向观众展示一个看似普通的盒子，并对观众说："今天，我将给大家展示一个神奇的魔术，这是一个可以让手机消失的盒子！"

2 魔术师随机邀请了一名观众上台，让其将自己的手机放入盒子中。

3 魔术师小心翼翼地关上盒子，然后，他轻轻地摇晃了一下盒子，并做出各种看似复杂的动作。

4 最后，魔术师缓缓地打开盒子，令人惊讶的是，里面竟然空无一物！手机消失得无影无踪！更让大家目瞪口呆的是，当观众试图给自己打电话时，手机提示音显示无法接通！

科学原理

这个“秘密盒子”有一个隐藏的双层结构。盒子的底部看似是密封的，实际上有一个隐藏的暗格。魔术师将手机放入内层格子中，再次打开则展现外层格子，所以手机看起来消失了。由于内层格子是由金属材料制作，能够屏蔽信号，观众给手机打电话，自然无法打通，手机也不会暴露位置。

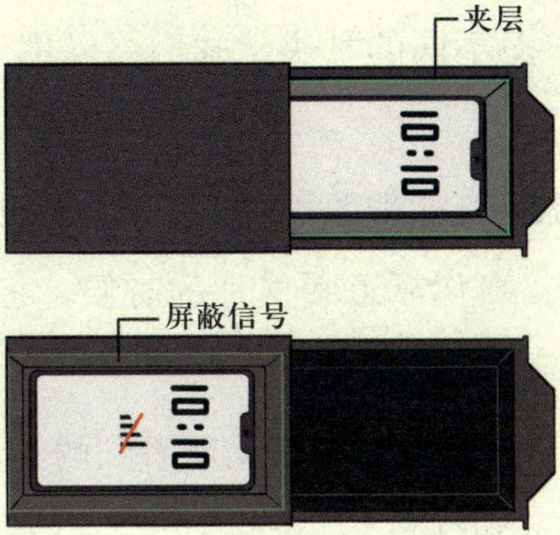

探秘科学知识

什么是电磁波

电磁波是一种我们肉眼看不见的波，它能在空气或者太空中传播。你可以将它们想象成水面上的波纹，只不过它们无须水等介质也能传播。电磁波的传播速度非常快，可以达到每秒 30 万千米。

电磁波有很多不同的种类，我们可以用一些简单的例子来说明。

1. 无线电波：它能帮助我们听音乐、打电话和收听广播。

2. 红外线：当你靠近暖气片的时候，它会让你感到温暖。这就是红外线在起作用！

3. 可见光：这是我们用眼睛能看到的光，它让世界变得五彩斑斓，例如阳光和灯光。

4. 紫外线：太阳光中有一种不可见光，我们的皮肤在阳光下会变得黝黑，就是因为它。

5. X 射线：医生利用它来检查我们的身体，例如 X 光片就能让医生看到我们骨骼的情况。

为了记住这些不同的电磁波，科学家们把它们按波长或频率的顺序排在一起，形成了“电磁波谱”。可以将电磁波谱想象成一条波浪形的乐谱，每一种波都是一种乐器，发出不同的声音。

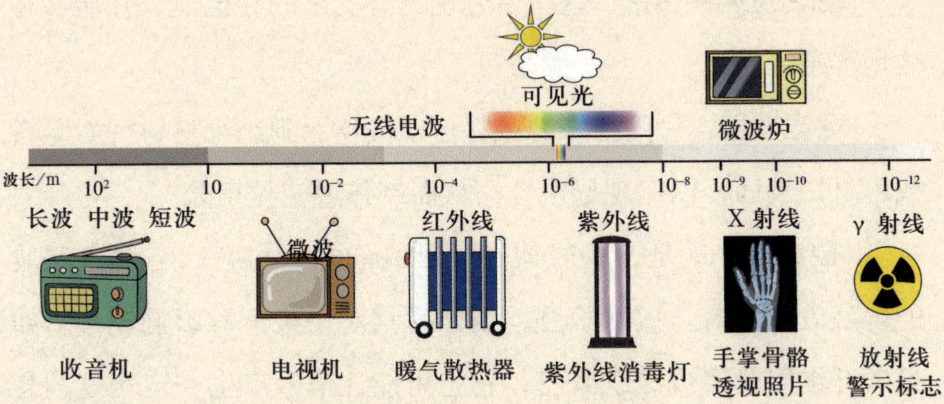

电磁波谱图

什么是法拉第笼效应

将手机放在由导电材料制成的盒子里，尤其是完全封闭的盒子，可以显著阻断或完全消除手机的无线通信信号。这种现象被称为法拉第笼效应，即一个由导电材料构成的封闭空间可以阻隔外部电磁场的影响。

以下是一些常见的材料，它们能够产生法拉第笼效应。

铜：作为一种常用的导电材料，广泛应用于电气和电子领域。

铝：轻量且具有良好的导电性，常用于制作法拉第笼。

不锈钢：具有很强的耐腐蚀性和导电性，适用于制作特定环境中的法拉第笼。

铝合金和铜合金：这些合金也具有良好的导电性，并能够有效地屏蔽电磁波。

导电涂层：一些特殊的涂料可以被喷涂到绝缘材料（如塑料或木材）表面，以实现导电性，从而制作成法拉第笼。

碳纤维：这是一种轻质且强度高的复合材料，它对电磁波的屏蔽效果没有金属那么强，因此通常对手机信号影响较小。如果碳纤维层较厚或编织紧密，它也可能让信号产生一定程度的衰减，但影响通常比金属小得多。

科学笔记

知识拓展应用

微波炉的工作原理

微波炉是一种通过微波辐射加热食物的电器，它的工作原理基于微波加热技术。微波是频率约为 2.45 GHz（吉赫）的电磁波，由微波炉中的磁控管产生，并传入微波炉的烹饪腔室内。微波能穿透食物分子，这些分子在微波的作用下迅速振动，产生摩擦热量，从而加热食物。这个过程的关键在于微波能直接穿透食物的表层，将热量均匀分布在内部，这使得微波炉能在短时间内快速加热食物。

微波炉的主要部件包括磁控管、波导管、烹饪腔室。磁控管是微波炉的核心部件，它将电能转化为微波辐射。波导管是一种金属管道，能够有效地将微波传送到烹饪腔室。烹饪腔室的内壁通常由金属材料制成，这样可以反射微波，确保它们在腔室内均匀分布。为了使食物加热更加均匀，烹饪腔室内有时还配有一个转盘或搅拌器，转盘旋转可以让微波更均匀地作用于食物。

微波炉有许多优点。首先，微波炉能够快速加热食物，因为微波直接作用于食物内部的水分子，产生热量。其次，微波能穿透食物表层，减少了传统加热方式可能出现的外部过热而内部未熟的现象。最后，由于加热速度快，微波炉能量损耗较少，相比

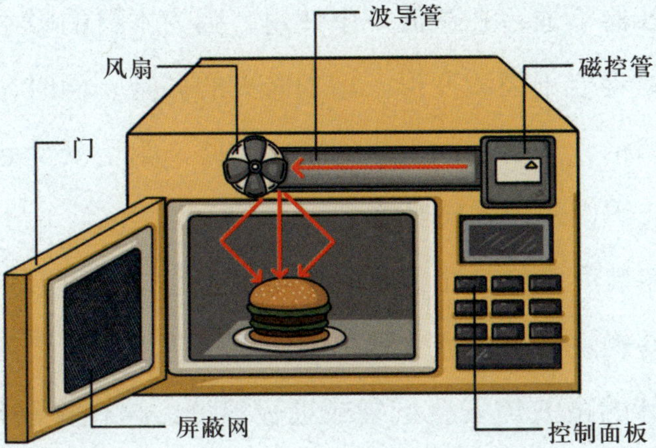

传统加热方式更节能。此外，微波炉操作简单，非常适合快速加热和烹饪各种食物。

使用微波炉时也有一些需要注意的安全事项。例如，避免使用金属容器盛装食物，因为金属会反射微波，可能产生电火花和损坏微波炉内部组件。而且，微波无法穿透金属容器，导致食物无法有效加热。为了安全使用微波炉，应该选择标明“微波炉安全”的容器，如玻璃、陶瓷或微波炉专用的塑料容器，并确保这些容器没有金属装饰。

在微波炉中使用容器时，应选择那些标有“微波炉安全”或“Microwave Safe”标识的容器。这些容器经过测试，能够承受微波炉的高温而不会释放有害物质。避免使用一次性塑料容器、塑料袋或保鲜膜，因为这些材料可能在加热过程中熔化或释放有害物质。如果使用塑料容器，还应避免长时间高温加热，特别是长时间加热高油脂或高糖分的食物，以防容器变形。此外，容器有盖子时需要确保有通风孔，以释放蒸汽，防止压力积聚，导致容器变形。

木质容器不适合在微波炉中使用，因为木材的吸水性和易燃性可能导致容器干裂或变形，增加着火的风险。同时，木质容器难以彻底清洁，可能引发卫生问题。因此，为了安全起见，最好避免在微波炉中使用木质容器。

纸质包装在微波炉中使用时要特别小心，普通纸张或报纸在高温下容易燃烧，存在火灾隐患。如果需要用纸包裹食物，应选择专门设计的微波炉安全纸袋或纸板容器，这些产品经过处理，适合微波炉加热。在使用纸质包装时，要避免长时间高温加热，以防纸张过热着火。

卫星的结构和原理

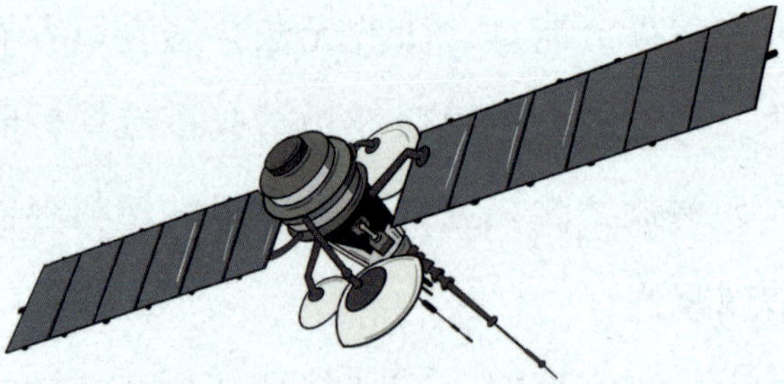

卫星的重要功能之一就是发射和接收信号，这使得它在通信、导航和观测等方面起到了重要作用。卫星使用无线电波传输信号。与光波和声波类似，无线电波也可以传递信息，而且它们有一个特别的优势，就是能够穿过地球的大气层，在地球和卫星之间自由传递信息。

卫星的发射器是用来把信息转换成无线电波的关键设备。当卫星需要发射信号时，例如一个通信卫星要传输电视信号，发射器就会把这些信息转换成无线电波，通过卫星上的天线发射到地球上的接收器。相应地，卫星也可以接收来自地球的信号。这一过程是通过卫星上的接收器完成的，接收器能够捕捉到地球发射的无线电波，天线则起到帮助接收信号的作用，把这些无线电波集中到接收器中。

天线是卫星发射和接收信号的重要部件。它们的设计能够有效地聚集和发射无线电波。可以把天线想象成我们的耳朵和嘴巴：耳朵帮助我们听声音，嘴巴帮助我们发出声音，而天线则帮助卫星接收和发射无线电波信号。

当信号被卫星接收后，卫星内部的信号处理设备会对这些信号进行解码和处理。通过这个过程，卫星可以过滤掉干扰，把有用的信息提取出来，并增强信号的强度。随后，处理后的信号会再次通过发射器和天线传回地球，确保信息能够准确无误地传送到地面上的接收装置。这一系列过程，让卫星成为我们日常生活中不可或缺的通信工具，无论是卫星电视、GPS 导航，还是天气预报，都离不开它的帮助。

电视“锅盖”是怎么工作的

电视“锅盖”也叫卫星天线，是电视节目信号传输的关键装置，它的工作原理其实并不复杂。

天空中有很多人造卫星，它们不断地向地球发送电视信号，而电视“锅盖”的任务就是接收这些信号，就像我们的耳朵能够听到声音一样。电视“锅盖”的形状像一个大碗，这种设计是为了把卫星发来的信号反射并集中到一个特定的点上。通过这种反射，信号会变得更强，就像把阳光聚集到一个点会变得更亮一样。“锅盖”中心的点接收到集中的信号后，会把它们放大并转换成一种可以传输的信号，然后通过电缆传输到家里的设备接收器上。接收器负责解码这些信号，将它们转换成电视播放的画面和声音。这样，你就可以在家里看电视了。

随着科技的进步，现在的电视不需要传统的“锅盖”天线了。现代电视使用数字信号，这种信号更稳定，所以不需要像过去那样的大型天线。很多新款电视都有内置的高性能天线，可以直接接收信号。此外，越来越多人通过网络观看节目，不再依赖传统的电视信号。有线电视和卫星电视也变得很普遍，使用专用的接收器就能轻松观看。因此，“锅盖”天线已经不再必要，现代电视变得更加方便和美观。

科学笔记

科学传奇故事

麦克斯韦与电磁波的预言

英国物理学家麦克斯韦以法拉第的研究成果为基础，创立了电磁学理论，并预见了电磁波的存在。麦克斯韦的成就堪与牛顿和爱因斯坦相提并论，然而他的名字却鲜为人知。

麦克斯韦

麦克斯韦在苏格兰的乡村长大，他对大自然的力量充满了好奇。他性格内向，喜欢一个人散步，欣赏野外的美景。在爱丁堡学院，他因花了太多时间独处而被同学嘲笑。但麦克斯韦并没有受到太大影响，他在大学期间潜心研究了法拉第关于电磁学的新理论思想，坚信法拉第的理论是正确的。经过多年的研究，麦克斯韦总结了当时已知的电学和磁学现象，用数学语言对它们进行了统一描述。他认为，电和磁是同一种物质的不同表现形式，它们之间的性质和相互作用力可以用一组简洁优美的方程来描述，这个方程组后来被命名为麦克斯韦方程组。

根据这个方程组，麦克斯韦预言了电磁波的存在。麦克斯韦认为，一个振荡的电场能够产生振荡的磁场，而一个振荡的磁场

$$\nabla \cdot \boldsymbol{E} = \frac{\rho_e}{\epsilon_0}$$

$$\nabla \times \boldsymbol{E} = -\frac{\partial \boldsymbol{B}}{\partial t}$$

$$\nabla \cdot \boldsymbol{B} = 0$$

$$\nabla \times \boldsymbol{B} = \epsilon_0 \mu_0 \frac{\partial \boldsymbol{E}}{\partial t} + \mu_0 \boldsymbol{j}$$

$\boldsymbol{E}$ 是电场强度，
$\boldsymbol{B}$ 是磁感应强度，
$\boldsymbol{j}$ 是电流密度，
ϵ_0 是真空电容率，
μ_0 是真空磁导率。

麦克斯韦方程组

又能够产生振荡的电场。于是，这些连续不断同向振荡的电场和磁场循环往复，永不停歇，就像一块石头掉进湖中产生的涟漪，电磁场的变化也会像水波一样向四面八方扩散出去。这个扩散出去的电磁场就是电磁波。麦克斯韦说：“虽然我现在无法用实验的方法证明它的存在，但我坚信它一定是存在的。”

麦克斯韦的电磁场理论给科学家们提供了一个更加深入地理解电磁现象的视角。但遗憾的是，因其理论深奥，公式总结晦涩抽象，再加上一直无人发现电磁波的存在，而能否证明有电磁波存在是检验麦克斯韦理论的关键，所以麦克斯韦方程组在麦克斯韦生前一直不被认可，甚至他主讲的电磁学课程也因为艰深和他本人的不善言辞，而导致学生寥寥。

后来，年仅 49 岁的麦克斯韦在不如意的境遇下，带着满心的遗憾离开人世，到死也没有亲眼见证电磁波的存在。爱因斯坦曾经写道，可以说，在麦克斯韦之前，就表现自然过程而言，物理现实被认为是由物质粒子构成的，而物质粒子的变化只是由偏微分方程支配的运动。自麦克斯韦时代以来，物理现实一直被认为是由连续场表示的，由偏微分方程控制的，没有任何机械解释的能力。这种对现实概念的改变是自牛顿时代以来物理学所经历的最深刻、最富有成果的变化。

天才赫兹

赫兹于 1857 年出生在德国，从小就对科学展现出浓厚的兴趣。他在学校非常努力，尤其喜欢物理和数学。赫兹在高中时展现出卓越的学术才能，后来进入柏林大学，师从著名的物理学家亥姆霍兹。在大学期间，赫兹对电磁理论产生了浓厚的兴趣。当时，麦克斯韦已经提出了电磁波理论，但还没有实验证明电磁波的存在。赫兹决心验证麦克斯韦的理论。

赫兹

1887 年，赫兹开始进行一系列实验。在实验中，赫兹制作了一个名为“电火花振荡器”的装置。这个装置由两根金属棒构成，中间有个小空隙。当赫兹给这两根金属棒通电之后，空隙处就会产生噼里啪啦的电火花，像打雷时的闪电一样。这些电火花并不是普通的火花，它们会产生一种我们肉眼看不见的“电磁波”——赫兹想要找出来的“主角”。

但是，电磁波看不见、摸不着，赫兹怎么知道它存在呢？他就想了个妙招，用一个特别的“探测器”来抓住这些电磁波。这个探测器看起来像一个圆圈，是由导线做成的，叫作“接收环”。赫兹把这个接收环放在离电火花振荡器不远的地方，然后细心观察。结果，他发现当电火花闪烁的时候，接收环上也会出现很微弱的火花！这说明电火花里的电磁波“飞”到了接收环上。

更酷的是，赫兹发现这些电磁波跟光波的“脾气”很像。例如，电磁波能被反射——就像光照到镜子上反射回来一样；电磁波还能被折射——就像光穿过玻璃杯的时候会“弯曲”一样。赫兹还做了更多实验，发现这些电磁波还会发生干涉和偏振现象，和光波几乎如出一辙！

赫兹的实验结果证实了麦克斯韦的电磁波理论。这个发现对科学界来说是一个重大突破，它表明电和磁能以波的形式传播，并且这些波与光波具有相同的属性。赫兹的研究为后来无线电通信的发展奠定了基础。

尽管赫兹本人认为他的发现没有直接的实际应用价值，但他的研究为无线电、电视和现代通信技术的发展提供了理论支撑。今天，我们用赫兹（Hz）作为频率的单位，来纪念他的伟大贡献。

电磁学——第二次工业革命的隐形推手

19 世纪中后期，第二次工业革命如巨浪般席卷而来，电磁学成为这场“电气革命”的核心动力。在第一次工业革命时期，蒸汽机轰鸣作响，工匠们靠手工敲打金属，效率却始终跟不上需求。电磁学的到来改变了这一切。它从科学家的实验桌走进工厂，点燃了现代工业的火炬，开启了一个由电力驱动的新时代。

1820 年，奥斯特发现电流能产生磁力；1831 年，法拉第进一步揭示磁力可转化为电能。这两个突破性发现催生了电磁铁和发电机的诞生。到 19 世纪 70 年代，发电机开始进入工厂，电能逐渐取代蒸汽，机器运转速度骤增。一台电动织布机一小时能织出几十米布，其效率远超手工一天的成果。电磁学让第二次工业革命从蒸汽的缓慢节奏，迈向电力的高速舞台。

特斯拉的交流电技术是电磁学发展史上的里程碑。它能通过变压器实现远距离传输，灵活适应各种工业需求。1896 年，尼亚加拉大瀑布水电站投入运行，其产生的电能点亮了 25 千米外的布法罗城。从此，工厂不再受限于能源位置，生产线得以全天候运转，电灯也照亮了城市的夜晚。电磁学用电流串联起工厂与社会，驱动第二次工业革命走向深入。

电磁学不仅加速生产，还重塑了信息传递方式。1837 年，电报机利用电磁信号将消息从伦敦瞬间传送到巴黎；1876 年，电话的发明让声音通过电线跨越空间，工厂管理者能即时协调生产与市场。通信技术的飞速发展拉近了工厂与消费者的距离，货物销售范围迅速扩大，第二次工业革命的经济引擎因此更加强劲。

电磁学的巅峰在于电磁波。麦克斯韦通过数学推演揭示了电与磁的波动本质，其传播速度高达每秒 30 万千米。1888 年，赫兹用实验证实这一理论；1901 年，马可尼成功用电磁波发送首封跨洋电报，从英国直达加拿大，跨越 3000 多千米。无线通信让工厂与世界无缝连接，信息传递不再受限于电线，第二次工业革命的全球化步伐加快。

从发电机的轰鸣到电磁波的飞跃，电磁学贯穿第二次工业革命的每一个重要环节。它提升了生产效率，革新了能源结构，加速了信息流动，将人类从手工劳作带入现代工业的辉煌时代。如今，电灯、电话、网络这些日常便利的背后，无不闪耀着电磁学的智慧光芒。

中国天眼

在贵州省平塘县，有一架巨大的望远镜，它的名字叫“中国天眼”，也叫 FAST。这架望远镜是世界上最大的单口径射电望远镜，直径达到 500 米，几乎有 30 个足球场那么大！

中国天眼的主要任务是捕捉宇宙中的射电波。这些射电波可以帮助科学家们研究宇宙的形成、星系的演化及黑洞等天体的奥秘。射电波是一种不可见的电磁波，类似于我们用的无线电波，但它们源自遥远的星系和恒星。

建造中国天眼是一项巨大的工程。工程师们选中了贵州的一个天然洼地来放置这架巨大的望远镜。这片洼地的形状正好适合建造一个大碗状的天线，这样可以降低建设成本，也减少了对环境的影响。

从1994年开始，科学家们就开始设计这架望远镜。经过20多年的努力，望远镜终于在2016年建成并开始工作。在建造过程中，成千上万的工人参与了这一工程，他们面临着许多技术和自然条件的挑战，但最终都一一克服了。

中国天眼像一个巨大的耳朵，能捕捉到来自宇宙深处的微弱信号。它的工作原理是通过反射射电波，将这些信号集中到一个接收器上。这个接收器就像一个超级灵敏的麦克风，能把信号转换成数据，传送到科学家的电脑里。

自建成以来，中国天眼已经取得了众多重要的科研成果。它发现了数十颗新的脉冲星。脉冲星是一种旋转的中子星，它们发出的射电波像灯塔一样有规律地闪烁。通过研究脉冲星，科学家们可以更好地了解宇宙中的极端环境。

此外，中国天眼还致力于搜寻外星生命的信号。虽然目前还没有发现外星生命的迹象，但科学家们相信，随着技术的不断进步，我们终有一天可能会找到宇宙中其他生命的存在。

中国天眼不仅为中国天文学研究提供了一个强大的工具，也提升了中国在国际天文学界的地位。它吸引了来自世界各地的科学家来到中国，共同进行研究和探索。

科学笔记

从北斗到 5G

电磁学不仅是科学史上的瑰宝，也是中国现代科技腾飞的基石。除了中国天眼这样震撼世界的项目之外，中国在电磁学领域的其他贡献同样令人自豪，如北斗导航系统和 5G 技术。这些成就不仅改变了我们的生活，也让中国在全球科技舞台上绽放出耀眼的光芒。

1. 北斗导航系统：电磁波的“中国指南针”

每天用手机进行导航时，这背后都有电磁波在为你指引方向。中国自主研发的北斗导航系统利用电磁波在太空和地面之间传递信号，帮助我们定位、导航，甚至发送短消息。北斗系统的核心是卫星发射的电磁波信号，通过精确计算信号传播的时间差，就能告诉你身处地球的哪个角落。

卫星导航

自2000年中国发射第一颗北斗卫星以来，经过多年的努力，到2020年，北斗三号全球导航系统正式建成并投入使用。如今，北斗系统已覆盖全球，为超过200个国家和地区的用户提供高效、精准的服务。无论是渔民在海上求救，还是飞机在空中导航，北斗像一双隐形的眼睛，守护着我们的安全。它不仅是中国电磁学技术的结晶，也是“中国智慧”走向世界的名片。

2.5G技术：电磁波连接未来的“钥匙”

如果说北斗是天空中的电磁魔法，那么5G技术则是地面上的速度革命。5G是地上的网，北斗是天上的网。5G是第五代移动通信技术，依托更高频率的电磁波，让数据传输变得更快、更稳定。为什么现在的手机能瞬间下载一部电影，为什么医生能通过网络进行远程手术？这背后都离不开5G电磁波的高速传输与稳定连接！

中国在5G领域处于世界前列。截至2025年年初，中国已建成数百万个5G基站，覆盖城市、乡村甚至海洋。科学家们利用电磁波的特性，设计出智能网络，让无人驾驶汽车、虚拟现实游戏和智能工厂等成为现实。5G技术不仅提升了我们的生活质量，还推动了全球通信技术的进步，成为“中国速度”的象征。

从法拉第的电磁感应到麦克斯韦的电磁波理论，电磁学的发展跨越了时间和国界。而今天，中国科学家们凭借这些知识点亮了北斗的星空，加速了5G的步伐。无论是中国天眼聆听宇宙的神秘声音，还是北斗和5G技术改变我们的生活方式，这些成就都告诉我们：电磁学不仅属于过去，更属于中国的未来。

魔幻科学实验

信号消失的收音机

材料准备

收音机、铝箔纸

制作步骤

① 把铝箔纸弯折，做成一个像隧道形状的空间，将正在播放广播的收音机放进去后，收音机就搜不到电台了，只有“沙沙”的噪声。

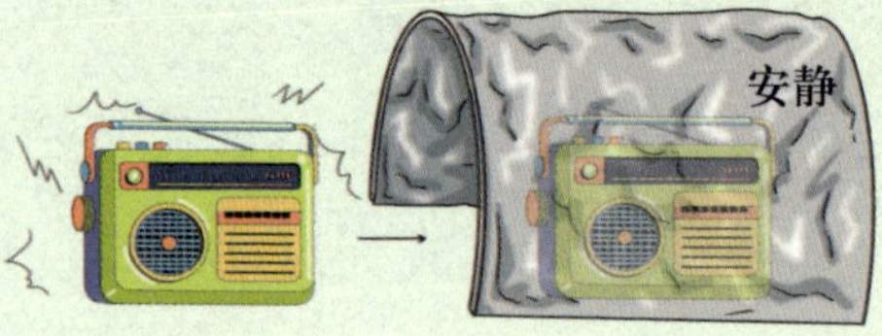

1

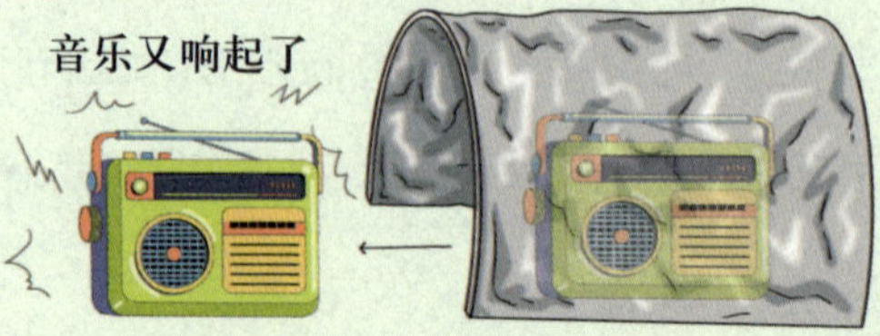

2

② 把收音机取出来后，收音机的声音便会恢复正常。

科学原理

铝箔是一种性能良好的导体，它能够有效地反射或吸收电磁波。因此，当收音机被铝箔纸包裹时，收音机可能会受到电磁波屏蔽效应的影响，尤其是那些通过天线接收的广播信号会被削弱甚至完全屏蔽，导致收音机无法接收到广播信号。这种效果不是因为铝箔纸阻挡了声音传播，而是因为铝箔纸阻挡了电磁波的传播。

科学笔记

后记

在浩瀚的宇宙中，电磁学的奥秘如同星辰般璀璨，它们不仅是万物运行的基本原理，也是现代文明的基石。在本书中，我们一同探索了电磁学的奇迹，从奥斯特的电生磁发现，到法拉第的磁生电定律，再到麦克斯韦的电磁波理论，每一步都是人类智慧的飞跃，每一次发现都为我们打开了新世界的大门。

作为清华大学的青年研究人员，我深知科学传播的重要性。在创作这本书的过程中，我经历了无数个日夜的思考与挣扎，面对科学知识的深奥与复杂，我必须找到一种方式，让这些抽象的概念变得生动而易于理解。这是一项艰巨的任务，但我坚信，为了科学的进步，为了激发下一代的科学热情，这一切都是值得的。

在这本书中，我们不仅讲述了电磁学的历史和理论，还通过一系列魔术和实验，让读者亲身体验电磁学的神奇。这些魔术和实验虽然简单，却蕴含着深刻的科学原理，它们是连接理论与实践的桥梁，是激发好奇心和探索欲的火花。

我希望通过这本书，能够让读者感受到科学的魅力，理解电磁学在现代科技中的核心地位。从发电机到无线通信，从医疗影像到卫星导航，电磁学的应用无处不在，它改变了我们的生活，也将继续塑造我们的未来。

这本书还是一份传承，是法拉第、安培、赫兹等伟大科学家智慧的传承，也是对未来科学家的期待和召唤。愿这本书能够激发更多的青少年投身于科学的探索，愿他们能够承接起这份薪火，照亮攻克科学难题的道路，为人类的进步贡献力量。

在此，我要感谢所有支持和帮助我完成这本书的人。感谢你们的耐心、理解和鼓励，没有你们，这本书不可能问世。让我们一起期待，电磁学的魔法将继续在世界的每一个角落闪耀，继续激发无限的可能。

极目苍穹，星辰闪烁间电磁辐射跨越万里；环顾周身，智能设备里电磁信号纵横交错。当青少年们借由本书学会以电磁的视角洞察世界，他们已在悄然无声中，承接起法拉第、安培、赫兹递来的薪火。这薪火将为他们在攻克室温超导难题、构建量子通信网络、驾驭可控核聚变的漫漫科学征途上照亮前行的方向。

你的朋友　杨智明

2025 年 7 月于清华大学